GUIDE COMPLET

DU

VOYAGEUR A POITIERS

ET DANS LES ENVIRONS

PAR

P. DELBARRE

OUVRAGE

Accompagné d'une Carte des environs de Poitiers
et d'un plan de la ville

Troisième Édition

**Prix :
1 fr. 50**

POITIERS
E. DRUINAUD, Libraire
30, Rue Gambetta (Ancienne Rue de la Mairie, 6).

1896

LE
GUIDE DU VOYAGEUR
A POITIERS

GUIDE COMPLET

DU

VOYAGEUR A POITIERS

ET DANS LES ENVIRONS

PAR

P. DELBARRE

Accompagné d'une Carte des environs de Poitiers
et d'un Plan de la ville

Troisième Édition

POITIERS
E. DRUINAUD, Libraire
30, Rue Gambetta (Ancienne Rue de la Mairie, 6).

1896

INTRODUCTION

Les géographes nous apprennent que Poitiers est placé au 51°76 de latitude nord, au 2°22 de longitude ouest du méridien de Paris et qu'il est situé au confluent du *Clain* et de la *Boivre*.

Nous n'entreprendrons pas de tracer ici l'histoire même abrégée, de la ville de Poitiers, qui se rattache intimement à celle de toute la France depuis les temps de la vieille Gaule, jusqu'à nos jours. Elle fut vraisemblablement, à l'origine, un *oppidum* Gaulois et devint, sous la domination romaine, le *Limonum*, dont il est parlé dans les Commentaires de César. Aussi, les richesses archéologiques qu'on y découvre tous les jours, viennent-elles attester son importance, alors que, capitale des Pictons, elle faisait partie de cette grande province d'Aquitaine comprise entre la Loire, les Cévennes, les Pyrénées et l'Océan.

Poitiers est le chef-lieu du département de la Vienne, qui est divisé en cinq arrondissements comprenant ensemble 31 cantons et 300 communes, savoir : L'arrondissement de Loudun, l'arrondissement de Châtellerault, l'arrondissement de Poitiers, l'arrondissement de Montmorillon, l'arrondissement de Civray.

Le département de la Vienne a été formé de l'ancien Poitou, d'une partie du Berry et de la Touraine. Sa contenance est de 697,291 hectares, soit 436 lieues carrées de 4 kilomètres.

Poitiers était relié par des voies romaines, à toutes les principales villes des

Gaules et il est certain qu'il fut, à cette époque, un centre d'autant plus important, que sa position topographique s'y prêtait ainsi que son climat. En outre, comme le mentionne Jules César dans ses *Commentaires*, le caractère de sa population indigène aidait puissamment à une installation romaine somptueuse.

C'est ce qui arriva, et si bien, que l'on peut affirmer que le Poitiers actuel a été formé de trois villes superposées, pour ainsi dire, l'une sur l'autre. La ville Gauloise, *l'oppidum*, très importante déjà, presque luxueuse pour l'époque, puis la ville gallo-romaine dont on retrouve journellement les substructions et des fragments superbes qui donnent l'idée de sa splendeur, et enfin la ville du Moyen-Age qui a fait place elle-même, à celle que nous voyons aujourd'hui mais en y laissant des joyaux magnifiques et précieux.

Ravagé de fond en comble lors de l'invasion des Barbares, Poitiers resta entre les mains des Visigoths jusqu'en 509, époque à laquelle, après avoir eu à subir les dévastations des Allemands, puis des Huns, la vieille cité Gauloise se jeta dans les bras de Clovis I__er__, qui la délivra du joug des Visigoths à la fameuse bataille de Vouillé.

Poitiers est une des villes gauloises où la Foi fit les progrès les plus rapides. Plusieurs des édifices ayant appartenu au culte païen, temples et autres monuments profanes furent remplacés dès l'an 313, date de l'édit d'affranchissement des chrétiens, signé à Milan, par l'empereur Constantin.

Ce ne fut qu'en 618, après la mort des enfants de Childebert, que Poitiers et le Poitou furent définitivement réunis à la couronne de France. Cependant, lors du mariage d'Aliénor d'Aquitaine avec Henri II, roi d'Angleterre, en 1152, cette province tomba sous la dénomination de ce dernier. Conquise de nouveau, en 1206, par Philippe Auguste, elle fut de nouveau cédée aux Anglais cent cinquante ans après le traité de Brétigny, et ne fit enfin retour à la couronne que sous Charles V, quand Du Guesclin en fit la conquête. Le Poitou eut beaucoup à souffrir pendant les guerres de religion, et il fut également le théâtre de l'insurrection vendéenne en 1793, 94 et 95.

Les armes de la ville de Poitiers sont : *d'argent, au lion rampant de gueules, armé et lampassé d'or à la bordure de sable, chargé de 9 besants, d'or, et au chef d'azur chargé de 3 fleurs de lis d'or, qui sont la France.*

Un vrai savant dans toute l'acception du mot, et qui fut en même temps un travailleur infatigable, M. de Longuemar, a dressé en quelques lignes la nomenclature des richesses archéologiques de la ville de Poitiers. Nous ne saurions mieux faire que de les reproduire.

« La ville de Poitiers est un véritable musée de monuments antiques et du Moyen-Age, appartenant aux principales époques de notre histoire nationale.

» L'ÉPOQUE PRÉ-HISTORIQUE, c'est-à-dire antérieure à tous les documents écrits, est représentée par le dolmen calcaire dit la *Pierre-Levée*, dominant la côte de Saint-Saturnin et du Pont-Neuf ;

« L'ÉPOQUE GALLO ROMAINE, par les débris de l'ancien amphithéâtre dit : les Arènes; ceux des divers aqueducs des deux époques qui amenaient les eaux des sources des environs, et notamment celles de la *Fontaine de Fleury*, les *Arcs de Parigny* ou de *l'Ermitage*, les débris gallo-romains réunis aux musées de la Ville et de la Société des Antiquaires de l'Ouest, dans le square du Palais, dans les caves des rues des *Carolus*, du Puygarreau, etc.

« Le Moyen Age, de son côté, compte également un grand nombre de monuments dans la ville de Poitiers.

« Monuments religieux : Le *Baptistère Saint-Jean*, appelé aussi par de Siauves en 1804, *Temple Saint-Jean*; l'église *Saint-Hilaire-le-Grand* de style roman primitif, avec des mosaïques et des tombeaux remarquables; *Sainte-Radegonde*, avec sa tour et son abside du XIe siècle, sa nef des XIIe et XIIIe siècles, ses vitraux et le tombeau de sa crypte; *Montierneuf* avec son abside, ses clochetons du XIe au XIIe siècle, et l'inscription rappelant le passage d'Urbain II à Poitiers; la tour du XIe siècle de *Saint-Porchaire*; l'église de *Notre-Dame-la-Grande* (XIe et XIIe siècles) avec sa façade pareille à un immense bas-relief, sa nef peinte d'un effet si original; *Saint-Pierre*, cathédrale de Poitiers, avec son chevet carré si imposant, ses belles nefs de transition, du style roman au style ogival, et ses belles verrières du XIIe au XIVe siècle, ses portails historiés du XIVe siècle; *Saint Hilaire de la Celle* ancienne demeure de saint Hilaire, où se voit, encore enchassé dans le mur est de la nef actuelle, un bas relief du XIIe siècle représentant le saint évêque dans son cercueil de pierre, vêtu de ses insignes épiscopaux et entouré de ses disciples au milieu desquels on remarque saint Juste et saint Lienne.

« MONUMENTS CIVILS ET MILITAIRES : Restes de l'*ancienne enceinte* fortifiée et flanquée de tours rondes, reconstruite par Jean de Berry, comte du Poitou, à la fin du XIVe siècle, encore visibles à la Tranchée et sous Blossac. *Tour de la Pucelle* à Pont-Achard et *tours du Château* de Jean de Berry, près la Porte-de-Paris.

« Le *Palais de Justice*, du XIIe au XIVe siècle, avec sa belle salle des gardes, dans laquelle Charles VII fut proclamé roi de France, et où se tinrent les assises, aux Grands Jours de la province; celle du *Trésor* et des *Archives*, et la *tour Maubergeon*, reconstruite également au xvᵉ siècle, par Jean de Berry, frère de Charles V.

« *L'Hôtel de la Prévôté*, édifice remarquable des premières années du xvıᵉ siècle; celui du *Puygarreau* si élégamment restauré par M. le conseiller Gaillard, et quelques maisons de pierre et de bois des xvᵉ et xvıᵉ siècles, dans la *Grande rue Saint-Etienne*, de l'*Arceau*, de la *Chaîne*, etc.

« A l'extrémité sud de la ville, belle *promenade* créée au siècle dernier par le comte de Blossac, intendant de la province, et dont les terrasses dominent la vallée du *Clain*.

« On jouit également de très belles vues du haut des escarpements de rochers de la rive droite du *Clain* connus sous le nom de *Dunes*, et surtout au sommet de *Montbernage* et du *Porteau*, sur la rive gauche. »

Maintenant, cher lecteur, mettons-nous en route.

Nous supposons que vous êtes descendu dans un des hôtels qui avoisinent la Place d'Armes, le point central de la ville, et c'est de là que nous allons vous montrer toutes nos curiosités pittoresques, historiques et monumentales.

LISTE
DES RUES ET PLACES
DE LA VILLE DE POITIERS

DONT LES NOMS ONT ÉTÉ CHANGÉS EN 1895, MAIS QUI SERONT LONGTEMPS CONNUES SOUS LEURS ANCIENNES DÉNOMINATIONS.

Rue Saint-Antoine et rue de Blossac. — **Rue du Château-d'Eau**.

Rue Neuve-de-la-Baume. — **Rue Alsace-Lorraine**.

Rue Pont-Joubert; rue Saint-Michel; Grand'Rue; rue Saint-Etienne jusqu'à la rue du Marché. — **Grand'Rue**.

Rue du Pont-Neuf; rue d'Orléans. — **Rue du Pont-Neuf**.

Rue des Buissons; rue Saint-Germain; — **Rue Saint-Germain**.

Rue du Chat-Rouge; rue du Calvaire. — **Rue du Calvaire**.

Rue du Petit-Séminaire; rue des Capucins. — **Rue de Blossac**.

Rue des Carmélites, depuis le boulevard Sol[férino]; rue des Basses-Treilles jusqu'au baza[r] des Augustins. — **Rue des Basses-Treilles**.

Rue des Carmélites depuis le séminaire; ru[e] de la Latte; rue des Trois-Pâtureaux. — **Rue des Carmélites**.

Rue du Collège depuis la rue Magenta. — **Rue du Lycée**.

Place du Collège. — **Square de la Ré[publique]**.

Rue Corne-de-Bouc. — **Rue Rabelais**.

Rue Saint-Pierre; rue Saint-Paul; rue Notre[-]Dame-la-Petite. — **Rue de la Cathédrale**.

Rue des Ecossais; rue de la Visitation à la plac[e] de la Préfecture. — **Rue des Ecossais**.

Rue d'Enfer. — **Rue du Colonel Denfert**.

Rue des Feuillants et rue des Filles-Saint[-]François. — **Rue des Feuillants**.

Rue Saint-François; rue de la Mairie; rue Saint-Porchaire jusqu'à la rue du Plat-d'Etain[.] — **Rue Gambetta**.

Petite rue Saint-Porchaire. — **Rue Saint[-]Porchaire**.

Rue Neuve-de-la-Mairie. — **Rue Bourbeau**.

La rue Nouvelle du Plan de l'Etoile à la rue de Cloche Perse. — **Rue de l'Université**.

Rue de la Petite-Roue. — **Impasse de la Petite-Roue**.

Rue des Grandes-Ecoles ; rue de la Galère. — **Rue des Grandes-Ecoles**.

Rue du Puits-de-la-Celle ; rue du Gervis-Vert ; rue du Petit-Maure.—**Rue Gervis-Vert**.

Rue des Trois-Cheminées, rue des Quatre-Vents. — **Rue Riffault** (bienfaiteur des Hospices.)

Rue de l'Hospice. — **Rue de l'Hôtel-Dieu**.

Rue Place-d'Armes, depuis le magasin Gorini ; rue des Halles, rue des Trois-Piliers — **Rue Carnot**.

Rue Magenta ; rue du Petit Bonneveau ; rue de la Lamproie. — **Rue Magenta**.

Rue des Hautes-Treilles ; rue de la Chandelière — **Rue Théophraste Renaudot** (Fondateur de la Presse).

Place Saint-Didier. — **Place du Palais-de-Justice**.

Rue du Marché ; rue des Jacobins jusqu'à la

Banque de France. — **Rue du Marché Notre-Dame.**

Rue de l'Ancienne-Comédie ; rue des Jacobins jusqu'à la rue de l'Eperon. — **Rue de l'Ancienne-Comédie.**

Place Saint-Pierre. — Maintenue au lieu de Place de la Cathédrale demandée par la Commission.

Rue Neuve-Saint-Paul. — **Rue Saint-Paul.**

Rue de la Poire-Cuite ; rue de Champagne. — **Rue de Champagne.**

Rue des Trois-Rois ; rue des Bondes. — **Rue des Trois-Rois.**

Rue de la Grille ; rue du Souci jusqu'à la rue du Pont-Neuf. — **Rue du Souci.**

Rue de Paille depuis la rue Magenta. — **Rue Jean-Alexandre.**

Rue Sous-Saint-Cybard ; rue de Chasseigne. — **Rue Sous-Saint-Cybard.**

Plan des Petits-Jésuites. — **Place René-Descartes.**

LE GUIDE DU VOYAGEUR A POITIERS

LA PLACE D'ARMES

L'HOTEL-DE-VILLE — LE THÉATRE — LES AUGUSTINS

C'était autrefois le *Marché vieil*, qui devint plus tard la place *Royale*, lors de l'érection, le 25 août 1687, de la statue en pied de Louis XIV, par le corps des marchands de la ville de Poitiers. Il y eut à cette occasion une fête magnifique accompagnée de feux de joie — les feux d'artifice ne couraient pas encore la province — des théâtres en plein vent, où l'on représenta des pièces mythologiques en l'honneur du « Roi Soleil », de ballets, si à la mode en ce temps-là, de danses publiques où le peuple s'amusait pour rien et de repas publics où régnait la plus franche gaieté.

Cette statue, due au ciseau du grand sculpteur poitevin Girouard, reposait sur un piédestal aux quatre angles duquel étaient figurés, par des Termes, les peuples soumis par le roi. Louis XIV était représenté debout, en empereur romain, mais revêtu — anachronisme habituel à cette époque, — d'un manteau fleurdelisé, dans une « attitude fière » suivant l'expression d'un des membres du conseil général de 1792, auquel on doit la destruction de cette belle œuvre.

Aucun des musées de la ville de Poitiers ne possède cette intéressante statue, et on se demande ce qu'elle a bien pu devenir pour qu'il n'en reste aucun vestige.

C'est ainsi que les édiles de nos villes, depuis

ongtemps, veillent à la conservation des monuments qui intéressent au plus haut point l'hisoire des cités qui les ont mis à leur tête.

Plus tard, à la place de la statue de Girouard, on créa un bassin avec un jet d'eau, également disparu, et dont le souvenir est consacré par un petit café qui a pour enseigne : « Café du Jet d'eau ».

C'est à l'extrémité de la *Place d'Armes* que s'élève l'Hôtel-de-Ville, qui est sans contredit, le plus beau joyau monumental du Poitiers moderne et qui forme un décor magnifique, comme toile de fond de la Place d'Armes, à laquelle il ne manque que des plantations intelligemment distribuées. Poitiers, tout le monde sait ça, a besoin d'arbres.

Ce fut en 1869 que Son Excellence M. Bourbeau, ministre de l'Instruction publique et ancien maire de la Ville, posa la première pierre de l'Hôtel-de-Ville de Poitiers. On frappa, à cette occasion, une médaille commémorative, représentant le palais municipal et portant sur le revers, au-dessous des armes de Poitiers, l'inscription suivante :

SOUS LE RÈGNE DE NAPOLÉON III
EMPEREUR DES FRANÇAIS
M. BOURBEAU, MINISTRE DE L'INSTRUCTION PUBLIQUE
ANCIEN MAIRE DE POITIERS
ASSISTÉ DE MM.
RENEUFVE, PRÉFET DU DÉPARTEMENT DE LA VIENNE
LEPETIT ET AUTELLET, ADJOINTS
ET DES MEMBRES DU CONSEIL MUNICIPAL
A POSÉ LA PREMIÈRE PIERRE
DE L'HOTEL-DE-VILLE DE POITIERS
LE 31 OCTOBRE 1869
G. GUÉRINOT, ARCHITECTE.

L'Hôtel-de-Ville de Poitiers fait le plus grand honneur à son architecte. Construit dans un style moitié roman, moitié renaissance, sa façade est sans contredit un des morceaux de l'architecture moderne les mieux réussis, et dont puisse être dotée une ville de province. Il occupe une superficie de 2.888 mètres carrés.

Tout le rez-de-chaussée extérieur de ce monument est, on ne saurait trop le dire, d'un ordonnancement très sévère, très pur, qui fait valoir admirablement toutes les élégances et toutes les richesses sculpturales du premier étage qu'il supporte.

C'est une des grandes difficultés de l'art architectural, de donner à un édifice, une base qui, sans être maigre, soit, en même temps, sobre de sculptures pour mieux faire valoir les richesses des parties supérieures.

C'est dans le premier étage que l'architecte s'en est donné à cœur joie et qu'il a fait des merveilles. La frise renaissance que supporte une belle rangée de colonne et de pilastres est d'une délicatesse, d'une élégance extrêmes. Les armes, le monogramme de la ville se détachent en plein dans un ingénieux fouillis de volutes, de rinceaux et de feuillages que Jean Goujon n'eut point désavoué. Cette frise est elle-même surmontée par des modillons et des crochets aux angles, qui supportent un très joli entablement.

Chaque pavillon est orné au sommet d'une lucarne en pierre; celle du milieu est assurément la plus riche et aussi la plus gracieuse. De grands pilastres sculptés, en forme de gaines supportent un fronton aux armes de la ville, enchâssées dans un riche cartouche. Une couronne murale soutenue par des amours admirablement sculptés surmontent cette gracieuse construction.

Le cadran de l'horloge municipale est placé au centre de la lucarne, dont chaque côté est orné d'une grande statue en pierre due au ciseau de l'éminent statuaire Barrias. L'une représente la *Science* et l'autre l'*Agriculture*. Ce sont des œuvres de maître qu'on ne saurait trop admirer et qui rappellent celles de Michel-Ange.

Au-dessus de cette grande lucarne du milieu, une peu en arrière, s'élève le campanile, ravissant monument en plomb repoussé. Quatre lions assis sont placés aux angles de la base et quatre statues d'enfants soutiennent le balcon de la lanterne d'où l'on jouit d'une vue splendide.

La façade de l'Hôtel-de-Ville, qui a cinquante et un mètres de long, se compose d'un pavillon central, relié aux deux pavillons des extrémités. A l'extérieur, le rez-de-chaussée est percé de trois grandes portes et de six baies cintrées, séparées par des tympans ornés de médaillons, qui sont destinés à renfermer les portraits des grands hommes poitevins La porte du milieu offre, au-dessus du cintre, une tête colossale de femme portant une couronne murale. Les parties supérieures des portes sont formées de magnifiques panneaux en bronze percés à jour, et au centre desquels se dressent des lions entourés de branches de lauriers. Sur l'imposte, aux rinceaux de bronze, se trouve l'inscription : **MVSÉE**.

A l'intérieur, le rez-de-chaussée se compose d'un grand vestibule, d'un beau caractère architectural, qui donne accès à l'escalier d'honneur et aux salles du Musée, disposées en fer à cheval. Ce vestibule comprend trois travées voûtées, avec clefs de voûte auxquelles viennent se souder des arcs doubleaux qui retombent sur des colonnes à chapiteaux d'ordre composite.

L'escalier d'honneur a plusieurs paliers et est en marbre blanc; les rampes sculptées à jour sont en pierre du pays. En avant du premier palier, dans le vestibule, sont placés deux grands lions, modèles de ceux qui ornent les quatre angles du campanile. En regard de ce premier palier se dressent deux superbes cariatides, figurant la

Science et les Beaux-Arts et au-dessus desquelles règne le balcon de la galerie précédent les vastes salles du premier étage. La cage de l'escalier, éclairée par trois larges baies formées de vitraux en grisaille, est décorée de deux magnifiques tableaux de Puvis de Chavanne, représentant, celui de droite, *Sainte Radegonde, retirée au couvent, donne asile aux poètes et protège les lettres contre la barbarie du temps;* le second, la *Réception triomphale par le clergé et les habitants de Poitiers, de Charles Martel, vainqueur des Sarrazins, aux portes de la ville.*

Ces deux peintures sont superbes et ont une grandeur qui se révèle dans l'attitude, la noblesse et l'expression de tous les personnages. Très simples avec une grande sobriété de détails, elles offrent comme, du reste, la plupart des œuvres du maître, une remarquable élévation de style et de pensée.

Voici, du reste, comment un des princes de la critique d'art M. Georges Lafenestre, a décrit et jugé ces deux belles pages quand elles furent exposées pour la première fois :

M. Puvis de Chavannes, de tous nos peintres contemporains, est le seul peut-être qui possède le don du style pique : la langue qu'il parle n'est pas toujours assez nette, ni précise ; mais elle est toujours ample et magnifique, noble et harmonieuse, hardiment dégagée de cette ornementation archaïque et pédante, qui alourdit et obscurcit l'imagination du peintre d'histoire. Dans son *Charles Martel*, elle acquiert une solidité qu'on ne lui connaissait pas.

Charles vient de sauver la civilisation chrétienne en arrêtant l'invasion musulmane ; avec ses guerriers vainqueurs, il s'avance vers Poitiers, d'où le clergé sort à sa rencontre : au moment où l'évêque s'approche pour le remercier, Charles arrête son cheval et lève vers le ciel cette hache célèbre avec laquelle il vient de frapper les Sarrasins et qui lui vaudra, dans l'avenir, le surnom de Martel. La scène est imposante et majestueuse, et se déroule dans un paysage lumineux et profond, d'une beauté solennelle. C'est, comme toujours, dans l'arrangement des groupes, dans la franchise des attitudes, qu'éclate surtout le grand goût de M. Puvis de Chavannes ; le groupe des Captifs, sur le premier plan, vers lequel s'avancent deux femmes chrétiennes, apportant des aliments, est un admirable morceau, où l'affaissement de la défaite est exprimée par les seules attitudes en traits larges et simples du plus grand effet. Le puissant geste de la femme qui met la main sur la bouche d'un vieillard pour y arrêter les imprécations qu'il va lancer au vainqueur est une de ces trouvailles heureuses qui sont réservées aux grands artistes.

On remarque la même beauté d'attitudes dans un sujet bien différent, traité par le même artiste, pour le même hôtel de ville, mais qui n'est encore exposé qu'à l'état de carton, *Radegonde, retirée au couvent de Sainte-Croix donne asile aux poètes et protège les lettres contre la barbarie du temps.* Le peintre a placé, avec une grande habileté, cette scène pacifique dans un de ces beaux cloitres romains qui invitent si doucement aux longues méditations et aux savants entretiens; on peut reconnaitre dans les visages des lettrés assis devant Radegonde quelques figures contemporaines, entre autres celle de Théophile Gauthier; c'est ainsi que Filippino Lippi rangeait dans la chapelle du Carmine, à Florence, autour de saint Pierre, tous ses amis, afin de conserver leurs traits à la postérité.

Tous les personnages qui jouent un rôle dans ces deux belles compositions, se rattachent intimement à une action très claire et très intelligible, dans des attitudes naturelles. C'est le grand mérite du maître de vouloir que, dans toutes ses œuvres, l'unité soit toujours parfaite, but que bien peu, même parmi les illustres, atteignent.

Quelques-uns disent que c'est de la peinture abstraite d'où la couleur est absente. C'est une grave erreur. Puvis de Chavanne fait de la poésie avec des pinceaux, à la façon d'Homère, d'Hésiode, de Théocrite et de Virgile. C'est un peintre épris de la nature dans ce qu'elle a de plus pur et de plus grandiose; aussi fait-il passer le style avant tout, parce que c'est le style qui traduit l'élévation de la pensée.

C'est en procédant ainsi que Puvis de Chavanne a pu reconstituer les premiers siècles de l'humanité et, ensuite, du christianisme, donnant à toutes ses œuvres un reflet de grandeur antique qu'on ne rencontre pas chez beaucoup de nos peintres modernes.

La salle des fêtes est éclairée par trois grandes fenêtres. Celle du milieu est entièrement occupée par un riche vitrail dessiné par Steinel et peint par Briguier. Il représente *Eléonore* ou *Alienor l'Aquitaine, confirmant les franchises de la ville de Poitiers*.

Tout est à regarder avec attention dans ce vitrail, non seulement le sujet principal dont la composition et le dessin sont remarquables, mais aussi les détails qui offrent beaucoup d'intérêt, comme le fond de paysage par exemple dans lequel se détachent le Temple Saint-Jean, — le plus ancien monument de Poitiers — et la basilique de Notre-Dame-la-Grande, un joyau archéologique des plus précieux.

Les deux autres fenêtres à meneaux, sont fermées par des verres opalins en culs-de-bouteille dans lesquels sont encastrées les armoiries de principaux maires de Poitiers. Les murs, divisé en panneaux avec cadres sculptés et frontons historiés, attendent encore les peintures qui doiven les orner.

Le plafond de la salle des fêtes représente *Duguesclin venant délivrer Poitiers du joug de Anglais.*

Il a été peint par un artiste poitevin M. Jean Brunet et a été l'objet d'assez vives critiques.

A droite et à gauche de la salle des Fêtes, la salle des Mariages et la salle du Conseil municipal sont également éclairées par des fenêtres à verrières opalines avec les écussons des maires de Poitiers à leur partie supérieure. La salle des Mariages surtout, est remarquable. Comme la salle du Conseil, elle a une haute cheminée sculptée, mais beaucoup plus richement historiée, et elle a reçu une superbe ornementation de rinceaux et de nielles sur fond d'or, avec les attributs consacrés ordinairement au mariage. Des colonnes en marbre antique, des cariatides et de gracieuses statues d'enfants composent ce qu'on pourrait appeler le manteau de la cheminée.

Les peintures de cette salle sont remarquables. Elles sont de M. Léon Perrault, né à Poitiers et dont la réputation n'est plus à faire même par de là l'Océan où son talent est fort apprécié. Élève de Picot, M. Léon Perrault en a gardé la ligne pure et correcte mais en lui enlevant de sa sécheresse par un coloris à la Bouguereau, c'est-à-dire très vif et plein de fraîcheur, qui donne à ses peintures la vie et l'éclat. Tels le plafond et les cartouches de cette salle des mariages.

Dans certaines œuvres où la grâce fait place à une pensée plus sérieuse et plus élevée, M Léon Perrault semble s'inspirer de Prudhon, comme le trumeau de la cheminée qui représente un mariage antique, et qui, par l'attitude, l'expression des personnages, le dessin et la couleur rappelle la manière de ce grand peintre.

L'Hôtel-de-Ville est surmonté d'un campanile à quatre lucarnes flanquées, à chaque angle, de gigantesques lions, dont les modèles sont, comme nous l'avons dit, à l'entrée de l'escalier d'honneur, dans le vestibule.

Maintenant, si on veut visiter le Musée, qui vaut réellement la peine d'être vu, on n'a qu'à s'adresser au gardien. Ce Musée a été organisé par un homme d'un très grand mérite, M. de Longuemar, qui en avait été nommé conservateur. M. de Longuemar est mort avant d'avoir pu achever son œuvre. C'était un homme du monde, aimable et fin causeur, c'était aussi un savant des plus distingués et sa modestie égalait son mérite.

Pendant les quelques mois qui suivirent la mort de M. de Longuemar, ce fut le Père Camille de la Croix, directeur des Musées de la Société des Antiquaires de l'Ouest un savant émérite dont le nom est connu dans le monde entier, qui remplit les fonctions de conservateur du Musée de la Ville jusqu'au jour où un titulaire régulier, M. Amédée Brouillet, prit possession de ce poste.

Le Musée de Poitiers renferme une très intéressante collection de sculptures de l'époque gallo-romaine, dont un grand nombre provient du sol même de Poitiers, des moulages sur différentes sculptures de plusieurs édifices de la ville et des environs.

La partie anti historique, assez nombreuse, est d'autant plus précieuse que les échantillons qui la composent proviennent presque tous du sol poitevin. Toutes les époques y sont à peu près représentées, depuis celle du grand ours des cavernes jusqu'à celle des animaux contemporains. Les périodes paléolithique, néolithique, mégalithique, des métaux y figurent de même que les époques celtique, étrusque, grecque, romaine, gallo-romaine, mérovingienne, carlovingienne, du moyen-âge et de la renaissance, jusqu'à nos jours.

Le touriste fera bien, s'il veut visiter les Musées de l'Hôtel-de-Ville, en détail, de se munir du catalogue (1) dressé par l'ancien conservateur, M. Brouillet. C'est un des mieux faits et des plus complets qui soient en province. L'auteur dans ce travail digne d'un bénédictin s'est inspiré des grands catalogues du Louvre, du Luxembourg et de Versailles et il en a adopté les classifications.

(1) En vente à la librairie E. Druinaud.

Il faut l'en féliciter. Malheureusement— et il n'e
pouvait être autrement, — pas mal d'objets d
toute nature sont venus enrichir nos collection
pendant l'impression de son livre, de sorte qu
forcément, il y a des lacunes et même des omis
sions impossibles à réparer, pour le moment d
moins.

Le Musée, ou plutôt les Musées de la Ville s
composent de cinq salles, non compris le *Musé
d'histoire naturelle*, situé au 1er étage, où il occup
deux salles.

De chaque côté de l'Hôtel-de-Ville on a ouvert
il y a quelques années, deux rues : la ru
Lebascle et la rue *Claveurier*. A l'angle de la pre
mière s'élève une élégante maison de trois étages
dans laquelle est installé le Cercle du Commerc
auquel elle appartient. La maison qui fait le coir
de la rue *Claveurier* est la propriété du Cercl
Littéraire. Ces deux constructions rappellent l
style de l'Hôtel-de-Ville ; elles sont du plus gra
cieux effet.

Le théâtre est situé au coin de la rue *Plac
d'Armes* et de la *Place d'Armes*. C'est une cons

truction élevée en 1819, sur l'emplacement où se trouvaient, avant la Révolution, la *Boucherie* et le bureau de vérification des marchandises soumises aux droits, qu'on appelait le *Poids-le-Roi*. L'intérieur de la salle, la scène, les dégagements et les loges des artistes répondent à l'extérieur, qui est lourd et disgracieux.

Derrière le Théâtre se trouve la rue du *Plat-d'Étain*, au bout de laquelle on voit l'hôtel de ce nom.

Enfin, sur le même côté que le Théâtre, après le café de la Paix, s'élève une maison à deux étages d'assez belle apparence. C'est là que vécut et mourut une des plus grandes illustrations du Poitou, Pierre Boncenne, avocat doyen de la Faculté de droit. Une plaque de bronze, sur laquelle on a placé une inscription en lettres d'or, consacre ce souvenir comme un pieux hommage à celui qui fût, non seulement un de nos brillants orateurs, mais aussi un jurisconsulte éminent. Boncenne a écrit un livre : *La Théorie de la Procédure civile*, qui restera parmi les œuvres les plus hardies et les mieux conçues du droit français.

Presque en face du théâtre, dans la rue *Pla* *d'Armes*, on voyait il y a peu de temps un très [b] échantillon de l'architecture du xviie siècl[e]. C'était le portail de l'ancienne église des Augu[s]tins. Ce joyau en pierre a été transporté par l[es] soins de la Société des Antiquaires de l'Ouest [et] sur l'initiative du R. P. de la Croix, dans le jard[in] du Musée des Augustins, où il va être réédifi[é]. Il est orné de colonnes cannelées, surmontées [de] chapiteaux corinthiens admirablement sculpt[és] supportant une frise très finement ciselée s[ur] laquelle règne un balcon qui a remplacé u[n] fronton détruit au moment de la Révolution [et] qui était surmonté des statues de saint Augusti[n] et de sa mère sainte Monique. Ce portail est d[û] au ciseau du sculpteur poitevin Girouard.

L'église était grande, élevée et sombre. Ell[e] avait été construite primitivement, en 1345, pa[r] un chevalier nommé Herbert Berland, seigneur d[es] Halles, et un grand nombre des membres de sa fa[mille y avaient été enterrés C'est aujourd'hui u[n] immense bazar. Elle renfermait, entre autre[s] œuvres remarquables, une magnifique chaire e[n] chêne sculpté, supportée par un Samson aux for[mes athlétiques. Ce beau morceau de sculpture [est] été détruit, malgré le dicton populaire qui s'y attachait. En effet, on disait volontiers, des gens qui n'allaient pas à confesse : « c'est un pénitent du père Samson aux Augustins ».

C'est également dans l'église des Augustins que la garnison de Poitiers allait, le dimanche, à la messe, pour venir ensuite, à la grande joie des habitants qui prenaient un vrai plaisir à ce spectacle, défiler sur la place d'Armes, musique en tête et tambours battants.

La grande porte en bois qui fermait l'entrée de l'église a été également sauvée de la destruction.

L'église des Augustins était, avant la Révolution, une des plus fréquentées de la ville, et un grand nombre de fidèles avaient demandé à reposer sous le sol que, vivants, ils avaient si souvent foulé. Sans doute, après la Révolution, la vieille église aura été fouillée et bouleversée, car lorsque le propriétaire actuel la fit daller à nouveau pour y installer son bazar, il trouva bien une partie des pierres tombales, mais les sépultures avaient été violées et c'est à peine si, çà et là, les ouvriers découvrirent quelques ossements.

A l'angle de la *Place d'Armes* opposé à celui théâtre, on voit un élégant hôtel couronné d'u terrasse, bordée d'un balcon en pierre, dont rez-de-chaussée est occupé par un bijoutier. C'ét jadis la demeure d'une des plus anciennes famill du Poitou : les de *Nieuil*. Les anciens appar ments sont occupés par le Cercle Saint-Hube composé presque exclusivement des représe tants de la vieille noblesse poitevine.

LA RUE VICTOR-HUGO

LA GRAND'MAISON. — LA PRÉFECTURE. — LA PRISON.

En face de l'Hôtel-de-Ville, de l'autre côté de la place d'Armes, s'ouvre la rue *Victor-Hugo*, tour à tour nommée rue *Impériale*, rue *Nationale*, rue du *Quatre-Septembre* et rue de la *Préfecture*.

C'est sans contredit la plus belle rue de la ville, à laquelle, cependant, il manque des arbres sur la ligne des candélabres à gaz.

A droite, on rencontre d'abord l'imprimerie générale de l'Ouest, qui édite le *Journal de la Vienne*, l'organe le plus ancien de la contrée, car

il compte cent vingt-trois ans d'existence, le *Jour-*
nal de l'Ouest, à un sou, le *Dimanche*, feuille heb-
domadaire et l'*Écho du Poitou*, tri-hebdomadaire

A gauche et presqu'en face, se trouve le collège de la Grand'Maison, fondé par la Congrégation des Sacrés-Cœurs, qui doit elle-même so
origine à l'abbé Coudrin, prêtre du diocèse d
Poitiers pour la branche des frères et à Mme Hen-
riette Aymer de la Chevalerie pour la branch
des sœurs. L'établissement est divisé en deu
parties bien distinctes : celle des hommes, situé
au n° 32 de la rue *Hautes-Treilles*, et dont l'entré
principale se trouve, comme nous le disions tou
à l'heure, rue *Victor Hugo*, et celle des femme
dont les bâtiments bordent la rue des *Hautes*
Treilles, au numéro 43.

Les prêtres de la Grand'Maison appartenaien
à l'ordre de Picpus de même que les religieuses
avant la dispersion des membres de la Maison
Mère, qui a eu lieu en 1880, à Paris. On y donn
l'instruction aux garçons et aux jeunes filles
dans deux pensionnats distincts ; en outre le
dames de la Grand'Maison ont une école gratuit
pour les petites filles pauvres.

La chapelle du collège est un des plus jolis morceaux d'architecture du nouveau Poitiers. D'une élégance extrême, elle rappelle les édifices du XVIIe siècle. Avec ses colonnes élancées sans maigreur, ses voûtes hardies et bien proportionnées, ses verrières éclatantes, ses statues, ses autels sculptés, peints et dorés, elle semble une œuvre du moyen-âge, sortie toute flambant neuve, des mains de l'architecte.

La chapelle de la congrégation des femmes, est située rue des *Hautes-Treilles* ; elle ne présente rien de remarquable.

La rue *Victor-Hugo* débouche sur une place bordée d'élégantes maisons, bâties sur le même plan, et qui lui donnent un air de régularité qu'on rencontre assez rarement dans les villes de province. En face, s'élève l'Hôtel de la Préfecture, construit dans le style de Louis XIII et qui serait un très beau monument, s'il était assis sur une base plus élevée.

A droite de la Place, le long du mur des jardins de la Préfecture, s'ouvre un boulevard qui conduit à la voie d'accession de la gare, et qui serait un des plus beaux de Poitiers, s'il était planté d'arbres.

A gauche et à droite sur la place de la Préfecture, s'ouvre la rue ou plutôt la *Ruelle des Écossais*, qui va aboutir à la rue des *Hautes-Treilles*, et dont l'autre tronçon s'ouvrant en face du côté droit de la place, débouche dans la rue de la *Visitation* après avoir longé le mur immense de la prison.

La Prison, dont l'entrée est située rue de la *Visitation*, était autrefois un couvent qui fut établi primitivement, en 1633, dans une maison dite des *Arènes*, placée derrière l'Hôtel des *Trois-Piliers* actuel en face du couvent du Calvaire. Il ne reste rien de sa jolie église qui, à peine achevée, fut démolie en partie pendant la Révolution et dont les pierres servirent à entourer de murs le jardin du directeur de la prison.

Cette ruelle des *Ecossais*, dont nous parlions tout à l'heure, a une légende : c'était, au Moyen-Age, le lieu de rendez-vous des duellistes ; les Poitevins étaient sans doute, dans ce temps là, plus batailleurs qu'aujourd'hui. Aussi avait-on placé, à chaque extrémité, une porte qu'on fermait le soir, afin d'empêcher l'accès de ce lieu écarté qui servait si bien les rendez-vous nocturnes. Ce nom des *Ecossais* a pour origine un hôtel appartenant à une famille écossaise du nom de Irland dont le chef, Robert Irland, avocat distingué, figure dans Rabelais sous le nom de l'*Ecossais docteur*. La famille Irland est aujourd'hui éteinte mais, grâce à ce souvenir, son nom vit toujours en Poitou.

Nous allons, si vous le voulez-bien, revenir sur la *Place d'Armes*. A droite de l'Hôtel-de-Ville, s'ouvre la rue de la *Lamproie* au bout de laquelle on trouvait, il y a peu de temps, l'hôtel de ce nom, dont la cour renfermait les ruines de la vieille église Saint-Nicolas, une antique collégiale, qui avait été fondée en 1030 par Agnès de Bourgogne, comtesse du Poitou.

C'est en face de l'hôtel de la Lamproie, un peu à droite, que se trouvait une des principales entrées des Arènes.

LES ARÈNES

Poitiers, comme presque toutes les villes gallo-romaines, avait été doté de vastes arènes qui ont été maladroitement détruites et dont les proportions dépassaient celles de Nîmes, lesquelles font encore aujourd'hui l'admiration des archéologues et des touristes.

De ce splendide monument, que d'autres villes eussent été si heureuses et si fières de conserver, il ne reste plus pour ainsi dire, que le souvenir. Cependant, les quelques pans de mur qui surgissent çà et là dans les constructions modernes, permettent encore de se faire une idée de son importance. Ainsi une partie des maisons construites sur le côté gauche du marché Saint-Hilaire offre, encastrés dans les constructions modernes, des pans de murs et des voûtes, débris de ce magnifique édifice.

Le marché Saint-Hilaire, toutes les maisons de la rue *Magenta*, de la rue du *Petit-Bonneveau*, de la rue *Bourcani*, de la rue des *Arènes*, de la rue de l'*Est*, et aussi quelques maisons de la rue *Corne-de-Bouc*, occupent l'emplacement des Arènes de Poitiers, dont le souvenir ineffaçable sera un remords éternel pour la ville qui a commis en plein xix° siècle, le crime d'avoir renversé un aussi splendide monument.

Les Arènes de Poitiers étaient de forme elliptique ; elles avaient été construites, croient certains archéologues, sous le règne des empereurs Adrien et Antonin, c'est-à-dire au deuxième siècle de l'ère chrétienne. Leur élévation était de près de 28 mètres, la largeur des bâtiments, de 51 mètres ; ceux de Nîmes n'en ont que 30, environ. L'arène proprement dite dans son grand axe, avait 72 mètres et dans son petit axe 47. Deux grandes entrées principales, celles du nord et du sud, donnaient accès dans l'intérieur, et deux autres moins importantes, étaient situées à l'est et à l'ouest. En outre, 124 vomitoires, assez larges pour que trois personnes y pussent passer de front, permettaient aux 50,000 spectateurs que les Arènes pouvaient recevoir, de sortir en moins de cinq minutes. On a calculé, en effet, que les Arènes de Poitiers étaient assez vastes pour contenir plus de 40,000 spectateurs assis et environ 12,000 debout.

Il y a une trentaine d'années, on pouvait encore juger de l'imposante grandeur des Arènes malgré les constructions de toutes sortes qui les encombraient. Il fallait pour cela entrer dans les jardins d'une ancienne auberge qui avait pour enseigne : *aux Vreux*, ou *aux Antiquités romaines* et qui a disparu avec les Arènes. Cette auberge était située dans la rue d'*Evreux*, qui longe un des côtés de la place du *Lycée* et va rejoindre la rue de *Paille*. Le vrai nom de l'auberge était d'Evreux C'était en effet, une maison qui avait été reconstruite, en 1583, par Raoul du Fou, abbé de Nouaillé et évêque d'Evreux. Les Arènes et la maison en question appartenaient depuis fort longtemps à l'abbaye de Nouaillé. La maison de l'évêque d'Evreux, dont elle portait le nom, fut vendue, à la Révolution et le fondateur de l'auberge, ne sachant ce que signifiait ce nom « d'Evreux »,

et croyant apparemment que cela voulait dire
« antiquités romaines », créa, de son autorité
privée, le substantif « Vreux. » C'est dans la cour
de cette auberge, à main droite, que se trouvait
la voûte d'environ cinq mètres de long par laquelle les bêtes, les chars et les gladiateurs entraient dans l'arène.

Après avoir donné un souvenir aux Arènes
dont on conserve du reste, au Musée de la ville,
une réduction fort exacte en terre glaise, nous
prenons la rue du *Petit-Bonneveau* qui s'ouvre en
face de la rue de l'*Est* à droite, et qui nous conduit dans la rue des **Trois-Piliers**.

LA RUE DES TROIS-PILIERS

LES HALLES.—LES HOTELS. — LA RUE DE LA BAUME.
LA RUE DES CAPUCINS.

———

Cette rue des *Trois-Piliers* était connue aussi, dans la partie comprise entre la rue *Saint-Nicolas* et l'hôtel des Trois-Piliers, sous le nom de rue des *Halles*.

Il y avait autrefois dans la rue des *Halles*, une auberge et une halle qui existaient déjà au XIIe siècle. La halle fut construite en 1188 par Geoffroy Berland avec l'autorisation de Richard Cœur-de-Lion. Plus tard, Philippe de Valois ordonna que la foire qui se tenait tous les ans, à la Saint-Luc, à la *Pierre-Levée,* se tiendrait dans la Halle de Poitiers, ce qui contribua à attirer un nombre considérable de cultivateurs des environs.

Les Halles eurent à subir bien des vicissitudes. Brûlées en partie en 1529 et en 1572, elles furent reconstruites vingt-sept ans plus tard ; puis, après avoir appartenu à différents propriétaires, elles furent achetées par la communauté des Hospitalières, et devinrent, à la Révolution, une propriété communale. Les bâtiments actuels sont occupés, au rez-de-chaussée, par un immense bazar, et au premier étage par le cercle des officiers. Ils furent construits en 1835.

C'est à côté des Halles, sur la gauche, que se trouvait le couvent des *Hospitalières* établi aujourd'hui dans les anciens bâtiments de Sainte-Croix, rue du Pont-Neuf. Il occupait un vaste enclos compris entre la rue des *Trois-Piliers* et la rue des *Hautes-Treilles* et dont une partie est aujourd'hui, la propriété du collège dit de la *Grand'Maison,* dont nous avons parlé plus haut

Dans la rue des *Trois-Piliers,* se trouvent trois des principaux hôtels de Poitiers : l'hôtel de

France, l'hôtel des Trois-Piliers et l'hôtel de l'Europe.

L'hôtel des Trois-Piliers est fort ancien. C'était jadis la propriété du monastère de Luçon, auquel il avait été vendu par un nommé Guillaume Grossin en 1256 ; on l'appelait alors les *Piliers de Gautier,* sans doute à cause de trois piliers dont l'usage n'est pas bien connu, et qui sont actuellement cachés par la maçonnerie du mur de la porte d'entrée, dans lequel ils sont engagés. Dès le XVIe siècle, cette maison était déjà une auberge, et comme elle était placée à cheval sur la limite qui séparait le territoire soumis à la juridiction de l'abbaye de Saint-Hilaire de celui de la ville, on avait placé, paraît-il, de chaque côté de la porte d'entrée, les deux petites statuettes qu'on peut encore y voir et qui indiquaient la limite des deux territoires.

Autrefois, il existait, tout auprès, une porte dont il ne reste plus trace aujourd'hui et qui était une des entrées de Poitiers.

En continuant dans la rue des *Trois-Piliers,* on voit à main gauche, au numéro 59, une sculpture

n haut-relief représentant un mouton couché :
'était vraisemblablement une enseigne qui avait
onné son nom à cette partie de la rue, qu'on
ppelait alors rue du *Mouton*. Quelques pas plus
oin, après avoir dépassé à main droite la rue de
a *Traverse* qui ne présente rien de remarquable,
n rencontre à gauche, la rue de la *Baume*, ou-
erte sur l'emplacement du jardin des Capucins,
t qu'on appela longtemps pour cette raison, la
Baume des Capucins.

C'est dans cette rue, au numéro 1, que se trouvait le couvent des Capucins qui vinrent s'établir à Poitiers en 1607. Les religieux habitèrent
d'abord auprès de l'église Saint-Grégoire, qu'on
avait élevée à côté de la tombe d'une sainte nommée Loubette et qui, dès le XIIe siècle, dépendait
de l'abbaye de la Trinité.

Le couvent des Capucins occupait un vaste
enclos compris entre la rue des *Capucins*, du *Ram-
part*, de *Tison* et derrière le Petit-Séminaire. Une
partie de cet enclos renferme aujourd'hui une
caserne qui a été construite sur l'emplacement
où on avait installé le magasin à fourrages.

Au bout de la rue de la *Baume*, s'ouvre à gauche la rue du *Petit-Séminai e*, dans laquelle se trouve la caserne Rivaud qui occupe d'anciens bâtiments fort maussades dans lesquels, avant la Révolution, était placé le Séminaire Saint-Charles ou plus communément le Petit-Séminaire.

A droite de la rue de la *Baume*, s'amorce une des belles voies de la ville, la rue des *Capucins* bordée d'élégantes maisons, et qui conduit au parc de Blossac, dont la grille monumentale en fer forgé et ouvragé lui fait face.

BLOSSAC

Le parc de Blossac serait certainement un des plus beaux jardins publics de France si on y voyait plus de fleurs. Malheureusement, à l'exception d'une minime partie située sur la droite en face des bâtiments du Château d'eau et transformée il y a peu d'années en une sorte de jardin-réserve, elles brillent par leur absence Rien, dans cette immense étendue, ne vient rompre la monotonie de la verdure des arbres et de l'herbe qui pousse, là, en toute liberté sauf dans les allées, bien entendu.

Ce qui est aujourd'hui un parc clos de murs, n'était autrefois qu'un terrain informe, encombré de rochers, dont on peut encore voir des échantillons dans le bas de la terrasse qui borde le boulevard *Tison*. Le terrain avait été cédé à la Ville, paraît-il, par une famille de Gilliers à laquelle il appartenait et dont il portait le nom, pour servir de promenade aux habitants.

Ce fut M. de la Bourdonnaye, comte de Blossac, intendant de la Généralité de Poitiers de 1751 à 1786 qui, voulant donner du travail aux malheureux, eut l'idée d'en faire un parc. En effet, dès 1753, il livra le terrain aux ouvriers; les ravins furent comblés, les rochers disparurent et bientôt les allées se dessinèrent sous la direction intelligente d'un ingénieur des ponts et chaussées, nommé Bonichon. On planta les arbres, on sabla les allées. En 1772 la promenade était complètement achevée et on construisit des remparts nouveaux qui vinrent se raccorder habilement aux remparts anciens, dont on eut le bon esprit de se servir.

Deux groupes en marbre blanc, dûs au ciseau d'un sculpteur de talent, M. Antoine Etex, et représentant la *Joie* et la *Douleur maternelles*, ornent l'entrée principale du parc de Blossac. Le groupe de la *Douleur* l'emporte de beaucoup sur celui la *Joie*, comme expression et comme modelé. Quelques vases sont éparpillés ça et là dans différentes parties du jardin. Ce sont des copies d'après l'antique, que la pluie et les intempéries détériorent malheureusement tous les jours.

Dans l'axe de la grande allée du milieu, se trouve un bassin au centre duquel s'élance un jet d'eau en forme de gerbe d'un fort joli effet et qui donne au parc un grand air.

Au bout de la grande allée s'étend, sur toute la largeur, une belle terrasse d'où l'on jouit d'une vue très agréable, surtout quand on s'arrête sur la plate-forme d'une énorme tour, appelée la *Tour à l'oiseau*, parce que jadis les arbalétriers et les arquebusiers y venaient tirer « à l'oiseau. »

Dans le fond de la vallée coule le Clain, petite rivière dont les eaux tranquilles reflètent, comme un miroir, les peupliers et les saules dont elle est bordée et sur laquelle, à quelques centaines de mètres seulement du parc, est jeté le pont du chemin de fer de Bordeaux. A gauche se déroule un magnifique panorama dont une partie de la ville forme comme la toile de fond. On aperçoit au milieu des maisons, la flèche de Sainte-Radegonde et les bâtiments tout blancs de l'ancien couvent des Dominicains. Au-dessus de la ville, se dresse une statue colossale de la Sainte-Vierge étendant la main sur la vieille cité qu'elle semble protéger, et tout à fait sur le haut de la colline, s'élèvent à droite, les bâtiments de l'ancien cercle catholique des Dunes, dont la chapelle est inachevée et qui sont affectés aujourd'hui à un groupe scolaire. A gauche, les deux casernes d'artillerie occupent un espace énorme.

En face de la *Tour à l'oiseau*, sur l'autre rive du Clain, s'étend le parc d'artillerie avec ses caissons et ses affûts serrés les uns contre les autres. Au-dessus, on aperçoit dans le lointain, à environ 3 kilomètres, le clocher de Saint-Benoît dont la pointe aiguë semble percer les nuages.

Deux fois par semaine, le jeudi et le dimanche, les musiques de la garnison jouent à tour de rôle, à Blossac et attirent toujours un nombre considérable de promeneurs. Mais c'est surtout le 23 juin au soir, que la foule est nombreuse dans le parc. Des deux terrasses, l'espace que l'œil embrasse s'illumine des feux que les habitants des campagnes allument, suivant l'antique usage, en l'honneur de la Saint-Jean et qui, par une belle nuit étoilée, font l'effet d'immenses feux follets dansant une sarabande échevelée.

La contenance du parc de Blossac est de plus de 9 hectares. Comme on voit, il y a de quoi se promener sous ses beaux ombrages.

LA TRANCHÉE

En arrivant à l'extrémité de Blossac, on aperçoit à main droite, un escalier spacieux qui conduit à une porte fermée par une grille très simple donnant accès à l'extrémité de la rue de la *Tranchée* laquelle, autrefois, était elle-même fermée par une autre grille. C'est là que, il y a quelques années, avait lieu une cérémonie religieuse en souvenir d'un fait qui se rattachait à l'histoire même de Poitiers et qui est du reste fort contesté.

C'est par suite de cette légende fausse, mais qui s'était accréditée dans le peuple, qu'on avait placé au-dessus de la porte de la *Tranchée* et dans une petite chapelle voisine qui n'existe plus, les statues de la Sainte-Vierge, de sainte Radegonde et de saint Hilaire et qu'on éleva des chapelles sur plusieurs points de la ville.

Suivons maintenant la rue *Sainte-Triaise*. Arrivés au bout nous tournerons à gauche dans la rue de la *Psalette Saint-Hilaire* et à l'extrémité de cette rue, nous trouverons un escalier qui descend sur les boulevards et qu'on a nommé l'*Escalier du Diable*. Laissons-le, tournons à droite ; quelques pas plus loin s'élève l'église Saint-Hilaire.

L'ÉGLISE SAINT-HILAIRE

Voici un des monuments les plus anciens et les plus vénérables de Poitiers. C'était déjà, à l'origine, une basilique bâtie vers l'année 360 par le grand évêque de Poitiers, Hilaire, peu après son retour de Phrygie où il avait été exilé.

A peine arrivé dans son diocèse il perdait sa femme et sa fille, sainte Abre, et sur le lieu même où il les avait fait ensevelir et où il comptait reposer lui-même, Hilaire faisait élever, et l'église qu'il plaça sous les vocables de saint Pierre et saint Paul, et une maison de clercs qui devint plus tard une puissante abbaye.

Huit ans après, Hilaire mourait à son tour et était enseveli dans le lieu qu'il avait choisi pour sa sépulture, entre sa femme et sa fille. Trois siècles à peine plus tard, la basilique et l'abbaye n'étaient plus connues dans le peuple que sous le nom de église et abbaye de Saint-Hilaire.

Une légende historique est attachée à l'église Saint-Hilaire, celle-ci :

En 507, Clovis allant combattre Alaric dans les plaines de Voclade — un lieu qu'on est encore en train de chercher à l'heure qu'il est, mais qui ne devait pas être bien éloigné de Poitiers — vit s'élever pendant la nuit, au-dessus de la vieille église ruinée, un globe de feu dont l'apparition subite lui indiquant le chemin qu'il avait à suivre, contribua à lui assurer la victoire.

Au souvenir de cet événement qui est relaté tout au long dans Grégoire de Tours, le chroniqueur impeccable, l'usage s'est conservé d'allumer tous les ans, le soir du 25 juin, une lanterne placée en haut du clocher de Saint-Hilaire.

Clovis, reconnaissant de la protection qui lui avait été accordée par le grand saint, fit reconstruire magnifiquement la basilique et placer au milieu de l'église, le tombeau de Hilaire dont on avait, nous dit un ancien historien du Poitou, Bouchet, retrouvé le corps dans le caveau où il avait été primitivement déposé. La translation se fit vers l'année 510.

Malheureusement, l'église Saint-Hilaire devait subir bien des vicissitudes qui compromirent son existence. C'est ainsi qu'elle fut brûlée par les Sarrazins avec les faubourgs de la ville, en 752. Reconstruite assez promptement, elle était de nouveau la proie des flammes ainsi que l'abbaye pendant le siège de Poitiers par les Normands en 863. Deux ans après ces mêmes hordes revenaient devant Poitiers et, violant le tombeau de Saint-Hilaire, livraient les restes de l'illustre évêque aux flammes. Les religieux parvinrent néanmoins à le sauver et, vers la fin du siècle à la suite de nouvelles dévastations, ils quittèrent le monastère et se réfugièrent au Puy-en-Velay, emportant avec eux ce qui restait du corps de saint Hilaire.

Enfin, vers l'année 927, Adèle d'Angleterre, épouse du comte Ebles Manzer, entreprit la réédification de la basilique qu'elle ne put achever.

C'est au siècle suivant, le 1er novembre 1049 que, suivant la *Chronique de Saint-Maixent* et aussi une charte du même jour, que la nouvelle église, celle-là même qui existe encore en partie aujourd'hui, fut solennellement consacrée par treize archevêques.

La basilique de Saint-Hilaire et l'abbaye eurent encore à soutenir des assauts les plus rudes et dont ni l'une ni l'autre ne se relevèrent jamais complètement. Le 16 mai 1562, les Huguenots commandés par le comte de Grammont, firent irruption dans la ville et mirent l'abbaye et l'église à sac, brisant les châsses, les reliquaires, les croix et tous les monuments en métal précieux, jetant au vent les reliques et violant les tombeaux des saint Hilaire, saint Fridolin, saint Fortunat, sainte Abre et d'autres illustres personnages, dévastant les maisons des chanoines, la bibliothèque que l'on venait consulter de toutes parts, etc.

Sept ans plus tard, lors du nouveau siège que Poitiers eut à soutenir contre les Huguenots, les détonations de l'artillerie qui avait été disposée sur les plates-formes de l'église et du monastère, ébranlèrent tellement les deux monuments, que le grand clocher et une partie des voûtes s'écroulèrent vingt-deux ans après environ.

Les réparations furent longues à se faire, à ce point que plus de cent ans après, elles étaient loin d'être achevées et d'autant plus qu'on apporta successivement plusieurs changements dans l'intérieur et la décoration de l'édifice.

Enfin la Révolution acheva sa ruine presque complète. L'église, dévastée d'abord, vendue ensuite à un nommé Roy dit Cassandre qui en entreprit la démolition, ce qui en restait fut mis à la disposition de l'évêque de Poitiers, par arrêté du Premier Consul en date du 15 floréal an XII.

Petit à petit, les restaurations et les reconstructions se firent et en l'année 1875, les constructions nouvelles et les travaux intérieurs furent terminés.

L'église Saint-Hilaire, était surtout remarquable par ses six dômes, dont il ne reste plus que celui qui se trouve au-dessus du sanctuaire, et par ses six collatéraux. Ces six dômes étaient percés par une ouverture, d'où, le jour de la Pentecôte, on jetait sur les fidèles, des masses de fleurs et une quantité innombrable de larges pains à cacheter ornés de dessins en relief, que l'on conservait religieusement.

La nef, qui a été réédifiée en dernier lieu, était autrefois beaucoup plus étendue. Elle s'étendait de l'autre côté de la rue et jusqu'au bord du coteau. La partie la plus curieuse du monument et celle qui subsiste encore presque entièrement, est la partie ancienne, c'est-à-dire le chœur, l'abside, le transept et les quatre absidioles, qui datent du xie siècle.

Il faudrait un volume pour décrire cette partie de la vénérable basilique avec le soin qu'elle comporte, aussi nous ne pouvons mieux faire que de renvoyer le lecteur désireux de la connaître dans tous ses détails, à la savante monographie de M. de Longuemar, et à l'étude très consciencieuse qu'en a faite M. de la Bouralière (1).

Le sol intérieur de Saint-Hilaire n'est pas de

(1) En vente à la librairie Druinaud.

niveau. Il y a quatorze marches à monter en deux fois pour arriver de la moitié inférieure à la partie supérieure du monument Quant aux sculptures elles sont peu nombreuses, cependant il faut remarquer des chapiteaux historiés qui sont de précieux spécimens de l'art au XIe siècle Dans le nombre, nous citerons principalement les chapiteaux représentant la *Fuite en Égypte*, la *Mort du Juste*, une scène de *Dispute*, puis des peintures murales dont il reste des fragments fort curieux.

De tous les tombeaux que renfermait la basilique, il ne reste qu'un couvercle en marbre blanc que l'on croit avoir été celui de la tombe de sainte Abre, et une pierre tombale d'un nommé Constantin, qui date de la fin du XIIe siècle. Quant au tombeau de saint Hilaire et de sa femme, et de celui de saint Fortunat, il n'en reste pas vestige.

A côté de l'église Saint-Hilaire, se trouvait autrefois les bâtiments du chapitre de ce nom, qui fut un des plus riches et des plus considérables de France. Il jouissait de privilèges exceptionnels Plus de cent églises de France et même d'Angleterre relevaient de lui.

Le Prieuré ou plutôt le Doyenné du chapitre de Saint-Hilaire était placé, jadis, dans les anciens bâtiments qui se trouvent derrière l'abside si curieuse de l'église Saint-Hilaire et qui sont, aujourd'hui, affectés à l'*École normale primaire*. C'est un hôtel du XVIe siècle, construit dans le goût et avec la richesse d'ornementation de cette époque. Il vaut la peine d'être visité, car c'est un très joli et très curieux échantillon de l'architecture de la Renaissance à Poitiers. Au coin de ces deux rues du *Doyenné* et de la *Tranchée*, il y avait autrefois, une aumônerie et une chapelle qui avaient été fondées en 1364, par un prêtre de Saint-Hilaire, pour servir aux pauvres pèlerins de Saint-Jacques, aux vieillards et aux femmes en couches.

Quant à l'abbaye, il n'en reste qu'une faible partie des murs d'enceinte qui ferment aujourd'hui les jardins d'une pension de jeunes filles.

En suivant la rue de la *Tranchée*, à main gauche, nous nous retrouvons dans la rue des *Trois-Piliers* qui nous conduira, en passant devant les Halles que nous avons déjà vues, dans la rue *Saint-Nicolas*. Descendons cette rue, nous arriverons à un fort gracieux square à l'entrée duquel s'élève un petit monument consacré à la mémoire des soldats poitevins tués à l'ennemi pendant la fatale guerre de 1870. Longeons ce square et au bout nous trouverons le Lycée.

LE LYCÉE

LES RUES DU LYCÉE. — DE PENTHIÈVRE. — D'ENFER. — D'OLÉRON. — DE LA CELLE. — SAINT-PIERRE-LE-PUELLIER, ETC.

Le Lycée occupe les bâtiments de deux anciens collèges ; *Sainte-Marthe* et du *Puygarreau* et une partie de celui de *Montanaris*.

Le premier avait été fondé, en 1522, par Antoine Gironet et sa femme Théobalde Girault, succédant ainsi à un autre qui existait déjà en 1494, près de la chapelle de *Sainte-Marthe*. Il fut vendu aux Jésuites par la ville qui en avait acheté les bâtiments en 1605.

Le second, fondé par Françoise Gillier, dame de Puygarreau, veuve d'un conseiller au Parlement, nommé Jean Bardin, était situé en face du

Lycée. Il fut également vendu par la ville, e[n] 1608, aux Jésuites qui le relièrent par un passag[e] souterrain, au collège royal dont ils avaient l[a] direction.

Enfin, le troisième se trouvait à l'angle de l[a] rue de l'*Ancienne Comédie* et de la rue d'*Enfer*[.] Fondé en 1507, par Antoine de Montanaris, ori[-]ginaire du royaume de Naples, docteur en méde[-]cine et curé de Romagne, près de Couhé, il fu[t] également acheté par la ville en 1607 et ensui[te] donné aux Jésuites.

C'est donc aux Jésuites qu'on doit la construc[-]tion des vieux bâtiments du Lycée, auxquels o[n] a assez ridiculement ajouté, en 1867, cette cons[-]truction en briques qui ressemble assez bien [à] une caserne. C'est aux Jésuites également qu'o[n] doit la chapelle qui mériterait une description [à] part et l'entrée principale de l'établissement au[-]dessus de laquelle se trouvent : le buste de Henri IV avec ces mots : *Henri IV fondateur*, et celui d[e] Louis XIV avec cette inscription : *Louis XI*[V] *bienfaiteur*.

La chapelle a été préservée des dégradation[s]

parce qu'elle servit de club révolutionnaire pendant la Terreur, et ensuite de salle décadaire. On gratta bien les emblèmes religieux ou les chiffres royaux et nobiliaires, mais ce fut tout. Le sanctuaire lui-même fut préservé ; de sorte que grâce à quelques restaurations intelligentes faites en 1845, elle apparaît presque telle qu'elle était à l'origine.

Le maître-autel est un chef-d'œuvre d'ébénisterie ; il porte la date de 1697. C'est un petit monument composé de colonnes en marbres précieux, aux chapitaux en cuivre doré et finement ciselé, en incrustations de nacre et d'étain sur fond d'écaille, délicatement gravées, en glaces bisautées et en ornements de cuivre ciselé et doré.

Le tableau qui occupe le fond du sanctuaire est une très belle toile due au pinceau d'un des meilleurs élèves de Rubens, *Louis Finson*, de Bourges, dont il porte la signature.

La chapelle, à l'origine, avait reçu une décoration polychrôme dont on aperçoit encore les traces sous le badigeon et qui devait ressembler aux peintures des deux petites portes que l'on voit de chaque côté de l'arcade du sanctuaire.

La sacristie renferme de magnifiques boiseries sculptées, qui en font un des plus beaux échantillons de l'art décoratif du temps de Louis XIV.

En face des nouveaux bâtiments du Lycée, dans la rue du Collège, s'ouvre, sur la main gauche, une petite rue étroite qui conduit dans la rue de l'*Ancienne-Comédie*. C'est la rue *de Penthièvre*. Elle s'appelait avant d'avoir reçu ce nom, *rue des Juifs* et était fermée à ses deux extrémités par des petites portes en ogive ainsi que cela existait dans la plupart des villes de France.

C'est là, en effet, que résidaient au moyen-âge, les juifs, cette race alors si persécutée et qui ne pouvait plus communiquer avec les chrétiens une fois le couvre-feu sonné. Chaque soir les deux portes étaient fermées et les habitants ne devaient plus sortir de chez eux qu'au lever du soleil.

Les deux portes ont été démolies dans le courant de ce siècle et la rue se trouve complètement ouverte et libre.

En descendant la rue du *Collège*, on arrive à

une sorte de carrefour sur lequel s'ouvrent deux rues, la rue d'*Enfer* et la rue de la *Celle*.

Au bout de la rue d'*Enfer*, est la rue des *Balances-d'Or*, qui conduit dans la rue du *Gervis-Vert*. En face la rue des *Balances d'Or*, dans la rue d'*Enfer*, on aperçoit sur la façade d'une maison neuve, une sculpture en haut-relief représentant un homme tenant d'une main un arbre la tête en bas, et qui servait d'enseigne à une maison située à la même place, dans cette même rue d'Enfer qu'on appelait alors, rue du *Noyer arraché*.

En revenant sur ses pas, on retrouve la rue de la *Celle*, qui conduit au *plan de la Celle* et dans laquelle se trouve, au numéro 13, une curieuse maison de la Renaissance, assez bien conservée.

Sur le *plan de la Celle* débouchent, outre la rue de la *Celle*, la rue du *Gervis-Vert* à gauche, presqu'au milieu, la rue des *Egouts*, et à droite, la rue *Sainte-Catherine* au bout de laquelle se trouve la caserne d'infanterie, dite Sainte-Catherine.

Elle occupe les anciens bâtiments du monastère

des *Filles de Sainte-Catherine* plus connues dans le peuple sous le nom de Cathelinettes.

Fondé en 1621, l'Ordre s'éteignit en 1785 et la ville prit possession des bâtiments. On vendit tout le mobilier aux enchères, même les trois statues en pierre de la *Sainte Vierge*, de *Saint Dominique*, et de *sainte Rose de Sienne*, qui se trouvaient dans les trois niches que l'on voit encore intactes, au-dessus de la porte d'entrée.

C'était un édifice des plus ordinaires et qui n'offrait rien de bien curieux, à l'exception de quelques vestiges de l'ancienne enceinte romaine qui ont été détruits, lors de la reconstruction de la caserne, après l'incendie qui la détruisit presque entièrement en 1887.

Mais revenons sur le *plan de la Celle* et tournons à droite. Après avoir passé devant la petite porte du couvent des Carmélites nous nous trouvons dans la rue des *Egouts* où, à main droite, à côté de la maison d'un charbonnier, nous rencontrons l'entrée de la chapelle du couvent des Carmélites, située en face d'une vieille maison connue sous le nom de *Logis de la Grille*.

LES CARMELITES

SAINT-HILAIRE DE LA CELLE. — LE TOMBEAU ET LA MAISON DE SAINT-HILAIRE.

La chapelle des Carmélites était primitivement un prieuré appartenant à l'ordre de Saint-Augustin et dont un évêque de Poitiers fut prieur en 1180, avant son élévation à l'épiscopat. C'était alors une église placée sous le vocable de Saint-Hilaire de la Celle. Au moment de la Révolution elle était occupée par des Génovéfains.

La chapelle des Carmélites a subi bien des transformations et bien des vicissitudes, au nombre desquelles il faut ranger plusieurs incendies. Aujourd'hui, elle ne se compose plus que des transepts et du chœur, la nef ayant été démolie. On y parvient par une assez longue allée.

La porte d'entrée provient de l'ancienne abbaye de la Trinité dont nous parlerons tout à l'heure.

A l'intérieur, on aperçoit à main gauche en entrant, un bas-relief du XIIe siècle qui selon les uns aurait appartenu à un autel de cette époque et, selon d'autres, aurait fait partie d'un tombeau de Saint-Hilaire.

La chapelle des Carmélites est remarquable non point comme édifice ni comme antiquité, mais surtout par les souvenirs qu'elle évoque.

C'est là en effet qu'était la maison habitée par saint Hilaire après la mort de sa femme et de sa fille et avant d'être nommé évêque. Là aussi, tout à côté de la maison, s'élevait une petite chapelle dans laquelle il disait parfois la messe, ainsi qu'une autre habitation occupée par ses élèves, dont il avait un certain nombre.

C'est là enfin, que le grand évêque rendit le dernier soupir mais son corps, ainsi que ceux de sa femme et de sa fille, furent transportés dans le caveau qu'il avait fait construire à cet effet dans l'église Saint-Jean-Saint-Paul, aujourd'hui placée sous le vocable de Saint-Hilaire-le-Grand.

En sortant de la chapelle des Carmélites, on descend la rue *Saint-Pierre-le-Puellier* et on arrive sur une petite place, ou plutôt un petit plan, suivant l'expression du pays.

SAINT-PIERRE-LE-PUELLIER

LA LÉGENDE DE SAINTE LOUBETTE.

C'est sur ce petit plan que se voient encore, dans la maison qui porte le numéro 6, les restes d'une des anciennes paroisses de la ville qui en comptait, avant la Révolution, vingt-quatre. Cette église était occupée par les prêtres qui desservaient le monastère de Saint-Pierre-le-Puellier dont elle relevait directement. On l'appelait Notre-Dame l'Ancienne. Saint-Pierre-le-Puellier était, à l'origine, une communauté de religieuses, et devint une collégiale, lors de la fondation, par Adèle d'Ebles, comtesse de Poitou, d'un chapitre destiné à donner aux saintes filles les secours de la religion.

Il existe au sujet de Saint-Pierre-le-Puellier

une légende qui est restée populaire dans le pays. Il s'agit de sainte Hélène, mère de l'empereur Constantin qui, ayant trouvé sur le Calvaire, en Palestine, un morceau de la Vraie-Croix, le rapporta précieusement.

Une de ses filles d'honneur nommée Loubette, originaire de la Bretagne, était présente quand l'impératrice trouva cette relique. A peine de retour de la Palestine, elle témoigna le désir de retourner dans son pays et, en récompense de ses bons services, la souveraine lui donna un morceau de la Vraie-Croix ainsi qu'un fragment de couronne d'épines.

Loubette, enchantée, plaça les reliques dans sa « gibecière » dit le chroniqueur, et se mit en route. Comme, paraît-il, elle faisait le voyage à pied, on imagina bien qu'elle dut mettre un temps d'autant plus long, avant d'arriver chez elle, qu'elle « étoit de petite stature, bossée et boyteuse, « fort débile, et à peine pouvoit cheminer » Cependant, comme avec le temps et la persévérance on vient à bout de tout, elle arriva à Poitiers ; après combien de jours de marche, le chroniqueur ne le dit pas, mais à coup sûr, très fatiguée, car elle ne put entrer en ville et fut obligée de se coucher sous un sureau, aux branches duquel elle suspendit la précieuse gibecière.

Après avoir dormi un assez long temps, Loubette voulut se remettre en route ; elle se leva, mais comme elle allait reprendre sa gibecière à la branche où elle l'avait accrochée, celle-ci s'éleva « si très haut, que la dite vierge ne pouvoit avoir « sa dite gibecière. »

Loubette vit bien que c'était un avertissement de Dieu. Elle alla aussitôt trouver l'évêque de Poitiers qui, après avoir reconnu le miracle, l'engagea à se présenter au comte de Poitou, et à solliciter de sa piété les moyens d'élever une église sur le lieu même où elle s'était reposée.

Le comte de Poitou reçut fort bien Loubette et lui accorda ce qu'elle demandait ; mais comme il n'était pas d'une générosité exemplaire, il se borna à lui donner autant de terre qu'elle « pou- « voyt circuyr en ung jour. Le comte en voyant la difformité de Loubette se frottait les mains à l'idée que sa générosité ne lui coûterait pas trop cher. Mais il fut bien trompé dans son calcul.

En effet, dès le lendemain, Loubette accompagnée des serviteurs du comte, se mit en route et elle marcha si bien qu'avant midi elle avait déjà fait un trajet fort long, et chose surprenante, au fur et à mesure qu'elle marchait, la terre s'élevait derrière ses pas, afin, sans doute, qu'il n'y eut pas de contestation possible.

Qui fut penaud ? le comte qui, prévenu de ce qui se passait, accourut en toute hâte et engagea Loubette de se contenter de ce qu'elle avait acquis, ce à quoi elle consentit volontiers.

Et de fait, on voit encore sur les bords du Clain, la levée de terre qui entourait jadis l'ancien fief appelé *Fief-le-Comte*, qui était la propriété du chapitre de Saint-Pierre-le-Puellier. Cette levée est appelée dans les anciens titres « la levée de Sainte-Loubette. » Le nom de cette sainte fille avait été aussi donné à un cimetière, qui était situé non loin de l'église Saint-Grégoire, et dans lequel on prétendait que le corps de sainte Loubette avait été enterré.

Le chapitre de Saint-Pierre-le-Puellier était un des plus riches de la ville. Il possédait une quantité considérable de terres et surtout de vignes, ce qui fait que dans le peuple, on appelait communément les membres de ce chapitre, les chanoines de l'*entonnoir* ou de l'*ouillette*.

L'église de Saint-Pierre-le-Puellier était, comme nous l'avons dit, située à la place qu'occupe aujourd'hui la maison qui porte le n° 2, et qui se trouve en face de la rue de la *Trinité*. Elle n'offrait, paraît-il, rien qui puisse faire regretter sa disparition.

La rue de la *Trinité* a été ainsi nommée en souvenir de l'ancienne abbaye de la *Trinité*, sur les vastes propriétés de laquelle elle a été ouverte

L'abbaye de la Trinité fut fondée par Adèle d'Elbes comtesse de Poitou, qui y fut enterrée après avoir pris le voile ; la fondation fut confirmée par le roi Lothaire en 963. Après bien des péripéties, l'abbaye existait cependant encore au moment de la Révolution. Les bâtiments servirent alors de prison, puis furent vendus et démolis par leurs acquéreurs.

C'est dans ces vastes terrains que se trouvent

les constructions modernes du couvent des Filles-de-Notre-Dame, fondé en 1618 par Jeanne de Lestonnac, qui déjà avait fondé la maison-mère de cet Ordre à Bordeaux, en 1607.

C'est également dans cette belle propriété que se trouve sur une grande longueur, sous la partie est, l'enceinte gallo-romaine.

Après avoir donné un coup d'œil à la chapelle qui vaut certainement la peine d'être visitée, retournons dans la rue *Saint-Pierre-le-Puellier* et descendons la rue du *Jardinet*, qui longe les murs du couvent des Filles-de-Notre-Dame. En laissant sur notre gauche, la rue *Raison-Partout*, nous arriverons cinq minutes après, sur le *plan Saint-Simplicien*.

LE PLAN SAINT-SIMPLICIEN

L'HOTEL RAISON-PARTOUT. — LE COUVENT DE LA VISITATION. — SAINTE-CROIX.

Le *plan Saint-Simplicien* était, dès 1327, un cimetière des *Houmosniers*, auprès duquel s'élevait une église aujourd'hui démolie, et sur l'emplacement de laquelle on a bâti une école de filles tenue par les sœurs de la Sagesse.

L'église *Saint-Simplicien* avait été placée sous le vocable de ce saint, en mémoire du martyr qu'il avait subi non loin de là, dans un pré, auprès du *pont Saint-Cyprien* et où on voyait encore, avant la Révolution, un trou qu'on disait avoir été produit par la tête du saint. Les propriétaires du terrain savent parfaitement où il se trouvait.

Ce trou était l'objet d'un pélerinage très populaire qui se faisait tous les ans, le jour de la fête de saint Simplicien. Les personnes qui avaient des migraines et surtout des maux de tête, y venaient en foule, pour mettre leur front dans le trou où la tête du saint était tombée.

Un souvenir historique est encore debout sur la *place Saint-Simplicien*. C'est une maison qui était autrefois une auberge et dont on aperçoit encore, sous une épaisse couche de badigeon, l'enseigne représentant un éléphant reproduit en couleurs naturelles sur le mur. C'est dans cette auberge de l'*Eléphant* que Henri IV eut une entrevue avec sa belle-sœur, Diane de France, duchesse de Châtellerault, qui avait pris en mains les intérêts du futur roi de France et qui avait entrepris des négociations pour arriver à une réconciliation entre le roi de France Henri III et son successeur.

N'allons pas plus loin et revenons sur nos pas; autrement nous irions sur les boulevards dont nous parlerons plus tard, quand nous en ferons le tour.

Nous voici donc revenus dans la rue *Raison-*

Partout, ainsi nommée de l'ancien hôtel Dansais de la Villatte qui s'y trouve, au n° 1, et dont l'entrée est surmontée de petits créneaux sur lesquels on lit ces mots : *Tout par raison,* 1581, *Raison partout*

Laissons encore cette rue sur notre gauche, obliquons un peu à droite ; nous sommes dans la rue *Roche d'Argent* à l'extrémité de laquelle nous trouvons, à main droite, le *couvent de la Visitation.*

Etablies dans le principe et jusqu'à la Révolution, dans les bâtiments qui servent aujourd'hui de prison départementale, les religieuses de la Visitation se fixèrent définitivement dans la maison qu'elles occupent aujourd'hui, laquelle servait autrefois de sous-chantrerie à la cathédrale. Le couvent ne renferme rien de bien remarquable, si ce n'est la chapelle, de construction moderne, et qui est assez gracieuse. Un peu plus loin nous arrivons en face de l'édifice le plus ancien de Poitiers, une véritable rareté, que nous visiterons tout à l'heure en détail, le Baptistère Saint-Jean, vulgairement appelé *Temple Saint-Jean.*

Prenons à gauche, longeons un mur et tournons encore à gauche, dans la rue du *Coq*, c'est là que se trouve le couvent de *Sainte-Croix*, un des souvenirs les plus précieux du Poitiers religieux.

Le monastère de Sainte-Croix, primitivement dédié à la Sainte Vierge, fut fondé par sainte Radegonde, épouse du fameux roi mérovingien Clotaire I*er*. L'empereur Justin-le-Jeune ayant fait don à sainte Radegonde d'un morceau de la *vraie Croix*, le monastère prit le nom de *Sainte-Croix*. Saint Fortunat, qui devint plus tard évêque de Poitiers et qui n'était alors qu'un simple poète composa, à cette occasion, des hymnes superbes qui sont demeurées célèbres.

Cette communauté, qui suivait primitivement la règle de saint Césaire d'Arles, a été confisquée dans ces derniers temps par les Bénédictins de Ligugé, qui lui ont donné la règle et le costume des Bénédictines.

L'abbaye de Sainte-Croix, car le monastère avait été plus tard érigé en abbaye relevant directement de l'autorité des rois de France, se trouvait, avant la Révolution, sur la place de l'*Évêché*. Elle renfermait alors dans son enceinte, deux petites églises et une chapelle, en outre de l'église abbatiale, savoir : l'église S*ainte-*lus*régésile* ou plus communément *Sainte-Oustrille*; l'église « *Saint-Hilaire près la Porte* » ainsi nommée parce qu'elle était située derrière la porte d'entrée de l'abbaye; et enfin la chapelle du *Pas-de-Dieu*, où se voyait, derrière une grille, l'empreinte du pied de notre Seigneur qui apparut un jour à sainte Radegonde pour lui annoncer sa mort prochaine. Il y avait encore, dans l'enceinte de l'abbaye de *Sainte-Croix*, une petite grille en fer, du XVIIIe siècle, qui se trouvait autrefois dans l'ancienne chapelle de Sainte-Croix, à qui elle avait été donnée par l'abbesse Marie Thérèse Radegonde de Baudéau de Parabère.

En revanche, l'abbaye de *Sainte-Croix* renferme des objets fort précieux, véritables trésors que beaucoup de grandes cathédrales lui envieraient. Entre autres : 1° le petit pupitre en chêne sculpté dont la reine de France, devenue servante du Seigneur, se servait pour poser son missel et sur lequel sont représentés : au centre un agneau, couché sur une croix, en haut et en bas des colombes, et aux quatre angles les symboles des quatre Évangélistes; 2° Une petite croix à quatre branches en fer, percée de petits trous et que la Sainte s'appliquait sur le corps, après l'avoir fait rougir au feu : 3° Une châsse en cuivre ciselé, doré et émaillé, qui renferme un morceau du bras et de la tête de la reine. Cette châsse date de 1854, ainsi que l'indique l'inscription qui règne tout autour. C'est un des plus jolis morceaux d'orfèvrerie religieuse qu'on puisse rencontrer ; 4° Un morceau considérable de la Vraie Croix envoyé par Justin-le-Jeune, empereur d'Orient, à sainte Radegonde et renfermé dans une croix en or rehaussée de pierres précieuses. Ce don magnifique était accompagné d'un splendide évangéliaire enrichi de superbes miniatures, sur fond lamé d'or, que le couvent possède encore ; 5° Une très belle statue de la Vierge qui fut, dit-on, bénie par saint Martial, l'apôtre de l'Aquitaine et que, d'après une tradition très accréditée, sainte Radegonde trouva dans une chapelle de recluses, quand elle arriva à Poitiers, pour y fonder le monastère de *Sainte-Croix*.

Si vous êtes à Poitiers pendant les fêtes de sainte Radegonde qui ont lieu tous les ans avant l'Assomption, ne manquez pas d'aller visiter la chapelle du couvent de *Sainte-Croix*. Vous y pourrez admirer toutes les splendeurs des temps passés, tous ces vénérables et pieux souvenirs, que l'on expose derrière la grille claustrale, en mémoire de cette grande sainte qui fut aussi une grande souveraine.

Revenons maintenant au *Temple Saint-Jean*, que nous pourrons visiter en allant demander la clef au concierge de l'évêché, chez qui elle est jusqu'à présent **déposée.**

LE TEMPLE SAINT-JEAN

De nombreux savants et d'aussi nombreux touristes ont, depuis 1701 jusqu'à nos jours, discuté de toutes les façons sur l'origine et les transformations de ce curieux édifice qui, depuis 1836, est la propriété de l'État.

Les résultats de toutes les observations et les suppositions de chacun peuvent se résumer en trois opinions.

Notons d'abord que tous s'accordent à reconnaître que l'édifice en question a été construit et remanié à des époques distinctes.

Ensuite, et voilà où les opinions sont divergentes, c'était, suivant les uns, un temple païen que les chrétiens auraient transformé en baptistère puis en petite église ou chapelle; selon d'autres un monument funéraire élevé à la mémoire de Claudia Varenilla, fille de Claudius Varenus, gouverneur de Poitiers pendant la domination romaine, et transformé ensuite en temple chrétien; selon d'autres encore, comme un baptistère chrétien dès son origine, n'ayant pas servi à d'autres usages jusqu'au jour où il fut consacré comme petite église.

Aujourd'hui la lumière semble devoir se faire d'une manière définitive, grâce aux laborieuses et patientes recherches, aux études expérimentées et considérables auxquelles le Père de la Croix s'est livré au sujet de ce précieux monument.

En effet, le savant archéologue a rassemblé tous les éléments nécessaires à une grande et complète monographie dont il a bien voulu nous donner l'analyse sommaire que voici :

1° Le monument central ainsi que la piscine qui existe au milieu et les quatre murs qui s'élèvent à la hauteur d'un bandeau mouluré leur servant d'entablement, auraient été construits par les chrétiens sur un terrain vierge entre 313, date de l'affranchissement des chrétiens, et 350 au plus tard.

2° Vers la fin du VIIe siècle, le temple Saint-Jean aurait été transformé en une petite basilique, par Arnoul, évêque de Poitiers. C'est à cette époque que l'on aurait fermé l'ouverture Est, pour en faire une abside, ainsi que les ouvertures Nord et Sud, afin d'avoir des absidiales formant les extrémités d'un petit transept.

On aurait également construit une nef à l'Ouest au-delà du mur aujourd'hui central, percé de trois ouvertures, mais qui, au IVe siècle n'en avait que deux.

On aurait enfin remonté le mur de la partie centrale de l'édifice pour y prendre du jour par six grandes fenêtres.

3° Tout le monument aurait été brûlé par les Normands en 865, lors de la troisième invasion, puis, ensuite, économiquement réuni en état avec les ruines, pour être rendu au culte.

4° Au xII° siècle, on aurait couvert tout l'édifice, intérieurement, d'un enduit fin et on l'aurait décoré de peintures.

5° Quelques peintures auraient été faites, au xIII° siècle, sur celles du xII°, qui existaient sur les murs de l'abside et sur une partie de celui de l'arc triomphal.

6° Cette petite église servit au culte jusqu'à 1793, époque à laquelle elle devint la propriété de la Ville, qui la loua à plusieurs industriels.

7° Enfin, en 1834, lorsque la municipalité décréta sa destruction parce qu'elle empêchait le redressement de la rue, l'État s'en rendit acquéreur.

Aujourd'hui, ce précieux monument est prêté à la Société des Antiquaires de l'Ouest, qui y a organisé un musée des plus curieux, composé de tombes mérovingiennes trouvées, pour la plupart, dans la région par le Père de la Croix et qui vont du vI° siècle jusqu'à Charlemagne.

Ce musée sera ouvert au public dans quelques

mois, le jeudi et le dimanche de chaque semaine, de midi à quatre heures, comme tous les musées de la Ville.

Le sol ayant été élevé considérablement, le monument paraît comme enfoncé en terre jusqu'aux impostes de l'arcade en plein cintre, qui s'ouvrait sur l'abside demi-circulaire. Au-dessus de l'extrados de l'arcade existait un cordon, composé comme tous ceux de l'édifice, d'un membre carré, d'une doucine et d'un filet; enfin au-dessus de ce cordon sont percées deux fenêtres en plein cintre, n'ayant plus maintenant que des ouvertures circulaires, autrement dit des œils-de-bœuf, les parties inférieures des baies ayant été bouchées de manière à présenter cette forme.

A la hauteur de la naissance des arcs des fenêtres règne un second cordon sur lequel s'appuient quatre pilastres courts, fort peu saillants, surmontés de chapiteaux composés de volutes, de feuilles et de palmettes.

Au-dessus de ces pilastres, un troisième cordon sert de base à deux frontons d'inégale grandeur et à un arc archivolté qui forme le couronnement des pilastres centraux. Comme ornements, on remarque la doucine, les chapelets à l'antique, les rosaces à six pointes, les consoles, les pointes de diamant et la croix pattée et cerclée, qui existe au milieu du tympan de l'arc central.

Trois chaînes de briques séparent la frise du dernier cordon; quant à la corniche, elle est soutenue par des modillons.

Le tympan de la façade est orné d'une pierre formant un encadrement rectangulaire, dans lequel est sculptée une rosace à dix-huit rayons surmontée elle-même d'un petit fronton encadrant une autre rosace incrustée, en terre cuite; deux autres frontons plus grands, et ornés d'une rosace à six pointes, sont placés de chaque côté.

D'autres incrustations, en terre cuite également, forment vingt-six quadrilatères curvilignes qui suivent le rampant de la corniche.

Les autres faces du monument reproduisent, à peu de chose près, les mêmes ornements. Quant à l'avant-corps du Nord-Est, il n'a de remarquable que la rosace du pignon.

La partie ajoutée au XIe siècle n'offre aucun intérêt. La corniche est soutenue par des figures grimaçantes; quant à la porte, elle a été refaite au XVIIIe siècle.

Pénétrons maintenant dans l'intérieur du Temple.

Nous remarquerons d'abord que le sol est de beaucoup en contrebas avec le sol extérieur. Le sommet de l'extrados du grand arc bouché, retombe sur des colonnes de marbre, dont les chapiteaux sont magnifiquement sculptés et dont l'abaque se continuait sous le parement du mur, en formant imposte.

Les fenêtres, devenues de simples oculi au XIIe siècle, n'ont point d'archivolte et sont séparées par une arcature triangulaire, forme primitive et fort rare, qui repose sur de petites colonnes près des pieds droits de chaque baie. Les chapiteaux de ces colonnes sont tous en pierre et paraissent remonter, d'après le Père de la Croix, au VIIe siècle, ainsi que les ornements extérieurs dont il a été question plus haut. Ces chapiteaux sont formés d'une corbeille garnie de quatre feuilles galbées retombant d'une des volutes, et à la naissance desquelles se trouvent un fleuron.

Un tailloir à cornes, muni de ses fleurons et orné d'un chapelet ou d'une torsade, porte sur la corbeille. Enfin une abaque en marbre vient coiffer le chapiteau et se continue sur le parement du mur. Les fûts sont en marbre.

Des peintures du xii᷎ siècle devaient couvrir les murs du haut en bas ; il n'y a plus que celles qui se trouvent dans les parties hautes qui soient encore visibles. Elles ont un grand caractère ; exécutées sur un enduit blanc, ce sont de véritables fresques. On y remarque des cordons en zig-zag, des oiseaux palmipèdes des dragons ailés et des paons, et aussi des personnages qui méritent d'être examinés attentivement. Sur un pan de mur on voit un individu tenant d'une main une pique et de l'autre un bouclier ; il est nimbé et vêtu de deux tuniques, l'une rouge et l'autre bleue, et d'un manteau jaune. A sa gauche se trouvent les lettres suivantes ainsi disposées :

<pre>
        A
        V
        R
        I
        S
        I
        V
        S
</pre>

Plus loin une autre figure frappe avec son épée un être ou une chose qui a disparu.

Sur un autre pan de mur on remarque un nimbe crucifère avec une main bénissante, symbole de Dieu le Père, et une suite de douze grands personnages, rangés autour de Jésus-Christ qui est représenté couronné d'un nimbe entouré d'une auréole, tenant l'Évangile de la main gauche et la droite bénissant. Près de lui sont deux anges qui volent en montrant d'une main, le ciel, et de l'autre, le Fils de Dieu. Rien de plus saisissant, de plus grandiose.

Au centre de la voûte de l'abside est le Christ ; ses cheveux sont longs et il a peu de barbe. Il est assis sur un trône et entouré d'une auréole tétrafoliée, cantonnée de figures qui symbolisent les Évangélistes.

Au milieu de l'édifice se trouve, creusée dans le sol, la piscine octogone qui servait aux baptêmes par immersion, et qui, d'après le P. de la Croix, aurait été faite à l'époque de la reconstruction du monument par les chrétiens.

Comme on voit, le *temple Saint-Jean* est un mo-

nument des plus précieux et qui mérite de fixer
non seulement l'attention des antiquaires, des
historiens et des connaisseurs, mais encore celle
de tous les touristes, qui ont là, une occasion
d'admirer et d'étudier un édifice unique en
France.

D'après les décisions ministérielles, d'accord
avec celles du Conseil municipal de la Ville
avant peu de temps cet important monument sera
complètement dégagé, c'est-à-dire que la douve
qui entoure l'édifice sur les faces Nord, Est et Sud
sera continuée sur la face Ouest, et que l'entrée
du XIIe siècle, grâce au reculement des murs
Nord et Sud de la rue, sera rétablie sans gêner la
circulation.

LA CATHÉDRALE

LA CHAPELLE SAINT-MARTIN. — SAINT-HILAIRE-ENTRE-LES-ÉGLISES. — LA RUE SAINT-SAVIN.

Avant d'entrer à la Cathédrale, qu'il vaut mieux aborder par le grand portail, jetons un coup d'œil sur deux petites chapelles presque toutes neuves, qui se trouvent dans une petite ruelle fermée par une grille et située en face du côté gauche du *temple Saint-Jean.*

La première qui s'offre à notre droite est dédiée à saint Martin. Si nous nous en rapportons aux vieilles traditions, qui doivent toujours être respectées, c'est là que demeura l'illustre saint Martin pendant le temps qu'il vint à Poitiers mandé, comme nous l'avons vu plus haut, par

saint Hilaire. La chapelle actuelle est charmante ;
elle a été construite d'après les indications du
Cardinal Pie, évêque de Poitiers.

Tout à côté se trouve la chapelle Saint-Hilaire-
entre-les-Églises. Celle-là a été aussi réédifiée
comme la précédente, par les soins du même
évêque, sur l'emplacement d'une ancienne chapelle qui avait, elle-même, été reconstruite au
xe siècle, par un chanoine de la Cathédrale, lequel
l'avait cédée au Chapitre de cette église.

Elle avait été construite primitivement, sur
l'emplacement de l'habitation occupée par saint
Hilaire, du vivant de sa femme et de sa fille.
Cette chapelle sert aujourd'hui aux religieux des
Oblats de Saint-Hilaire.

Remontons maintenant la rue du *Pont-Neuf* et
prenons la première rue à notre droite ; c'est la
rue *Saint-Savin,* qui coupe en deux la rue Saint-
Pierre Là, s'élevait jadis, une église fort ordinaire dédiée à saint Savin, confesseur, fondateur
de l'abbaye de Saint-Savin dans le Lavedan. Elle
sert aujourd'hui de lieu de réunion aux dames du
tiers-ordre de Saint-François. Non loin se trouve

une grange, dans le mur de laquelle on voit encore des statues informes et qui marquent la place où était l'église *Saint-Luc,* dont il est question dans une bulle du pape Gélase II, donnée à Marseille, le 23 octobre 1119. Encore quelques pas et nous sommes dans la rue Saint-Pierre.

Tournons à droite, nous voilà sur le parvis.

Avant de descendre les marches qui donnent accès sur le parvis de la cathédrale, on aperçoit à droite, le palais épiocopal qui fut, jusqu'en 1860, l'hôtel de la Préfecture, mais qui n'offre rien de remarquable au point de vue archéologique. Le mieux est donc de s'arrêter devant la façade monumentale de l'imposante basilique.

Il existait dès le IVe siècle, une cathédrale qui fut remplacée au VIe ou VIIe, par une autre que les Normands incendièrent en 865.

Après cet incendie on en reconstruisit une autre, à laquelle succéda celle qui existe aujourd'hui. Elle fut bâtie par Henri II, roi d'Angleterre, sur la prière de Alienor d'Aquitaine, sa femme, en 1052.

Il faut croire que les travaux subirent de nombreuses interruptions, car la basilique ne put être consacrée qu'en 1379, le 17 octobre.

Le portail est du xive siècle. Il se compose de trois portes surmontées de deux fenêtres et d'une rosace. Il est flanqué, à droite et à gauche, de deux tours carrées d'inégale hauteur et ornées d'arcatures. La tour de droite avait un étage de plus, se terminant par une flèche en charpente et qui servait de clocher. Cet étage fut démoli en 1811 et les cloches furent renfermées dans la tour même.

Les trois portes sont placées au fond de profondes voussures en ogive, chargées de statuettes d'anges et de saints. Au-dessus du soubassement, trente-neuf statues ornaient toute l'étendue du portail. Il ne reste aujourd'hui, que d'élégantes niches séparées et soutenues par de minces colonnettes.

Le tympan de la porte, à droite, représente, dans la partie supérieure, saint Pierre auquel Jésus dit : *Je vous donnerai les clefs du Ciel* A l'étage supérieur, une châsse est portée sur les épaules de plusieurs hommes et reçoit les hommages du peuple.

Le tympan du milieu se compose de trois rangées : celle de dessous représente la Résurrection ; les morts soulèvent leurs pierres sépulcrales et sortent de leurs tombeaux. La rangée supérieure figure la Séparation des bons et des méchants. Un ange se tient au milieu ; les bons sont à sa droite, les méchants à sa gauche. Au-dessus et dans la partie angulaire, Jésus-Christ, entouré des anges et des saints, prononce le jugement redoutable qui décide de la destinée éternelle. Dans le tympan de la porte de gauche, on voit d'abord la mort de la Sainte-Vierge et, au-dessus, sa réception dans le ciel.

Autour de l'église, en avant du portail, des figures fantastiques, des monstres hideux qui sortent des murailles, vomissent l'eau des toits. Dans l'encoignure, à droite, un personnage accroupi emploie ses deux mains à s'ouvrir la bouche, sans doute pour mieux accomplir la fonction dont on l'a chargé.

Lorsqu'on entre dans l'église, on est frappé par le petit nombre, l'élévation et l'espacement des piliers ; six piliers seulement soutiennent l'édifice, de chaque côté. En somme, si la cathédrale Saint-

Pierre est une des basiliques les moins ornementées à l'intérieur, il en est peu qui aient un caractère aussi majestueux et aussi pur.

Ce qu'il faut surtout déplorer, ce sont des soi disant réparations faites au xviii° siècle et qui ne sont, à proprement parler, que des enlaidissements. Nous voulons désigner par là, les balustres les chapelles, le dessous de l'orgue, les fonts baptismaux ; tout cela n'est qu'un méli-mélo de colonnes grecques, d'ornements incohérents, de balustres pompadour, qui détonnent furieusement dans ce grand vaisseau gothique.

L'église Saint-Pierre avait été vendue, pendant la Révolution, pour être démolie, mais son acquéreur reculant devant la dépense que cet acte à jamais regrettable pour l'art devait lui coûter, préféra en faire un magasin à fourrage, après l'avoir mutilée.

Les vitraux de Saint-Pierre sont très remarquables. Le premier représente l'histoire de Moïse, celle de Balaam et la révolte des Hébreux. Ce vitrail et ceux qui le suivent sont évidemment du xii° siècle. Du reste, en examinant les fenêtres, depuis celles du chœur, construites à la fin du xii⁰ siècle, jusqu'à celles du portail qui datent de la fin du xiiiᵉ, on peut suivre la transition du roman au gothique, qui s'opérait alors ; transition bien marquée dans la forme des fenêtres, dans leurs meneaux dans les cintres et les ogives qui les décorent.

Le vitrail, qui se trouve dans la fenêtre du fond de la chapelle, dite de « Paroisse », représente l'*Histoire de Job* et la parabole de *l'Enfant prodigue*. Les vitraux de la fenêtre de côté sont assez difficiles à débrouiller, cependant on croit pouvoir y reconnaître des épisodes de la vie de saint Pierre et de saint Paul.

Trois vitraux d'une grande importance se voient au chevet de l'abside. Tous trois ont été restaurés aux frais de l'Etat par M Steineil, artiste verrier attaché aux Monuments Historiques. Le vitrail du centre de l'abside est une œuvre magistrale. Il représente la Crucifixion. Celui de droite a trait à la vie de la Vierge et celui de gauche rappelle des scènes du martyre de saint Laurent et de celui du Pape saint Sixte, également martyr.

A peu de distance de ce vitrail, se trouve une

chapelle souterraine très ancienne, placée sous le vocable de saint Sixte. Elle sert aujourd'hui de chapelle funéraire pour les évêques de Poitiers décédés. On peut y descendre en s'adressant au sacristain. On voit, dans l'escalier qui y conduit, l'angle Nord-Est et le dallage de la cathédrale construite au xe siècle, en remplacement de celle qui avait été détruite par les Normands en 816.

Dans la fenêtre de droite, le vitrail retrace des détails de la vie de saint Pierre et renferme aussi les noms de plusieurs saints, entre autres ceux de saint Jean, de saint André et de saint Antoine. Dans le vitrail de gauche, on voit la vie du pape saint Fabien, qui subit le martyre en l'an 250. La verrière à côté est une des plus anciennes de Saint-Pierre : elle date du xiiie siècle et représente diverses scènes de la Bible, entre autres l'histoire de *Loth* et d'*Abraham*, de *Sodome*, de *Sara*, d'*Isaac*, d'*Eliézer*, etc.

La chapelle de *saint André* ou des *Evêques*. aujourd'hui du *Sacré-Cœur*, est également éclairée par de magnifiques vitraux représentant l'histoire de Joseph, la légende d'un saint qu'on ne peut reconnaître et celle, si populaire au xiii^e

siècle, de *saint Blaise*, évêque de Sébaste. Enfin, le vitrail qui vient immédiatement après, dans le bas-côté, retrace l'histoire de Josué et de ses guerres dans la Terre-promise.

Quand, après la Révolution, le culte fut rétabli, on enrichit la cathédrale des morceaux arrachés à des couvents supprimés par la Révolution. Ainsi, l'autel et le rétable placés derrière le chœur, proviennent du couvent de la Trinité ; l'autel de paroisse, situé dans le transept à droite, vient du couvent des Jacobins, et celui du Sacré-Cœur, à gauche, du couvent des Capucins. La grille du chœur et du sanctuaire est copiée dans le style du xiiie siècle et a remplacé une autre grille provenant de l'abbaye de Sainte-Croix, où elle avait été placée en 1737, comme nous l'avons dit, par Madame de Parabère, abbesse de ce couvent célèbre.

La cathédrale renferme plusieurs tableaux remarquables, entre autres celui qui est encadré dans le rétable de la chapelle de paroisse, une fort belle toile représentant l'*Institution de la dévotion du Rosaire par saint Dominique* et qui semble avoir été peinte par le Dominiquin; un tableau

sur bois, de grande dimension, représente la Résurrection du Sauveur C'est un *ex-voto* fort curieux donné par Toussaint Johannet, chanoine de
Saint-Pierre et directeur des musiciens des cha-
pitres, ce qui explique la quantité de saints et
de chanteurs célestes qui entourent le Sauveur.
Un autre tableau, celui-là en bois sculpté et peint,
représente la descente de Croix ; c'est un morceau
fort précieux, à notre avis. Il faut citer aussi le
Denier de la veuve, dû au pinceau d'un grand
maître moderne, Robert Fleury. Enfin dans la
chapelle de gauche, et dans la sacristie de paroisse, on voit plusieurs tableaux curieux par
leur antiquité.

L'orgue de la cathédrale mérite une mention
particulière. C'est un instrument qui date de 1789,
car ce fut à cette époque qu'il fut achevé par
François Clicquot. Les tuyaux sont en étain forgé ; il compte quarante-quatre jeux distribués sur
quatre claviers et un clavier de pédales. Les sculptures du buffet ont été exécutées sous Louis XIV
par un artiste poitevin nommé Berthon, qui y a
aussi sculpté les portraits de ses enfants sous la
figure d'anges jouant de leurs instruments.

Les boiseries du chœur que l'on voyait au com-

mencement de notre siècle, étaient des XIII°, XIV°
et XV° siècles. Elles ont été remplacées par d'autres dans le style du XIII° siècle. Une volute du
XV° et un petit personnage que le Ministère a réclamé pour l'Exposition du Trocadéro à Paris,
appartiennent à la Société des Antiquaires de
l'Ouest.

Une des parties les plus remarquables de la
Cathédrale est, sans contredit, le mur du chevet.
C'est une immense muraille en pierres de taille,
percée, à une assez grande élévation, de trois croisées romanes et qui remplace l'abside ordinaire
qu'on avait l'habitude de souder aux nefs des
églises. C'est une exception à la règle, dont il
existe cependant d'autres exemples.

Cette muraille est criblée de coups de biscayens
que l'amiral de Coligny avait fait lancer des hauteurs des Dunes, abrité qu'il était par la roche qui
a gardé le nom de Roche de Coligny et qui existe
encore.

SAINTE-RADEGONDE

On arrive à l'église Sainte-Radegonde par la rue de la *Psalette-Sainte-Radegonde,* qui s'ouvre derrière le chevet de la cathédrale. En descendant cette rue, on trouve, à droite, la communauté des *Dames de l'Union chrétienne* et nombre de marchandes de cierges, de médailles et d'objets de piété.

Les *Dames de l'Union-Chrétienne* se vouent spécialement à l'éducation. Elles ont un pensionnat de jeunes filles et une école gratuite pour les petites filles pauvres Elles s'installèrent primitivement, vers 1635, dans la rue des *Trois-Cheminées* où elles occupaient une maison de modeste apparence.

L'église Sainte-Radegonde est une antique basilique qui fut construite en 560, par la sainte reine de France et qui s'appela d'abord, *Sainte-Marie hors-des-Murs*, ce qui indique assez qu'elle était située en dehors de l'enceinte de la ville. C'est sans doute à cause de cette origine que le tombeau de sa fondatrice y fut déposé par le célèbre Grégoire de Tours, et qu'elle prit alors le vocable de Sainte-Radegonde.

Détruite en partie par les Normands en 865, incendiée en 1083, l'église Sainte-Radegonde fut reconstruite en 1099, et de nouveau saccagée par les protestants, en 1562. C'est à cette époque que le tombeau de la sainte, qui avait été préservé au ixe siècle, fut brisé par les Huguenots, qui firent brûler, dans l'intérieur même de l'église, une partie des ossements qu'il renfermait. Nous disons une partie, parce que plusieurs débris de ces reliques purent être sauvés. Renfermés dans une boîte en plomb, ils furent déposés en grande pompe, en 1565, dans le même sarcophage.

Déjà, en 1412, le comte de Poitou, Jean de Berry, avait fait ouvrir le tombeau de sainte Radegonde et en avait enlevé la tête de la reine et deux anneaux qu'elle avait encore aux doigts. Il paraît même, dit la légende, que la sainte, au moment où l'on voulut ôter l'anneau abbatial, retira sa main, de sorte que, saisis de crainte et de respect, les vandales n'osèrent y toucher.

La crypte, où se trouve aujourd'hui le tombeau de sainte Radegonde, est située sous le maître-autel. En face du tombeau, au bas de l'escalier qui conduit à la crypte, on voit une belle statue en marbre blanc, qui fut donnée à l'église par Anne d'Autriche dont elle représente les traits, et qui est attribuée au sculpteur Girardon. Au-dessus de la voûte de l'escalier on a placé une inscription dans laquelle il est dit que la statue et les balustrades en marbre ont été données par Anne d'Autriche, en reconnaissance de la guérison de son fils Louis XIV. Les balustrades n'existent plus, mais une partie se voit encore en avant des fonds baptismaux.

A droite et à gauche de la crypte s'ouvre un passage circulaire qui a été déblayé et qui la complète. Trois autels y ont été élevés : l'un, celui du milieu, consacré à sainte Radegonde, le second à sainte Agnès, première abbesse de Sainte-Croix et le troisième à sainte Disciole, qui fut la disciple bien-aimée de sainte Radegonde. Les tombeaux de ces saintes filles, qu'on a retrouvés dans l'épaisseur des murs, ont été placés dans chacune de ces deux dernières chapelles.

L'église Sainte-Radegonde renferme également un monument des plus précieux, dont nous avons déjà parlé et qui se trouvait dans la chapelle du *Pas-de-Dieu*, à l'abbaye de Sainte-Croix. Ce pieux souvenir, est placé au milieu de la nef, à droite, dans une sorte de petite chapelle fermée par une grille en fer. L'empreinte, qui offre la forme d'un pied creusé dans la pierre, est recouverte d'un grillage et est placée entre deux assez vilaines statues représentant sainte Radegonde, agenouillée et Jésus-Christ, debout, apparaissant à la sainte. Des cierges y brûlent constamment, témoignant ainsi de la vénération populaire.

L'intérieur de Sainte-Radegonde n'offre rien de bien remarquable, sauf pourtant des vitraux de toute beauté, dont le plus grand, donné vers 1315 par Philippe-le-Long, comte de Poitou, représente le *Jugement dernier*, sujet que l'on rencontre très

rarement dans les vitraux et qui est en mêm[e]
temps très complet. Une autre fenêtre, la tro[i]-
sième, retrace la vie de sainte Radegonde.

La sacristie, du XIIe siècle, vaut également [la]
peine d'être vue ; sa voûte est supportée par d[es]
demi-colonnes dont la base représente, dit-on, d[es]
figures historiques, entre autres, celles d'Aliéno[r]
d'Aquitaine, comtesse de Poitou et de Gilbert d[e]
la Porée, évêque de Poitiers. A la clef de voût[e]
se trouvent, aux quatre angles, les symboles d[es]
Evangélistes et, au centre, le Père Eternel.

Notons encore un petit tableau sur lequel o[n]
voit un roi à cheval, un laboureur avec ses bœuf[s]
et un champ de blé. C'est ce qu'on appelle l[e]
miracle de Vouillé. Suivant la tradition, saint[e]
Radegonde, qui voulait échapper aux atteintes d[e]
son époux, le roi Clotaire Ier, qu'elle fuyait ave[c]
assez de raison, se trouva près d'un paysan qu[i]
ensemençait un champ d'avoine. « Si on vou[s]
demande, dit-elle au semeur, si vous m'avez v[u]
passer, vous répondrez que vous n'avez vu personne depuis que vous semiez cette avoine. « E[t]
aussitôt, dit la légende, l'avoine se mit à grandi[r]
de telle sorte, que la fugitive pût disparaître aux
yeux de Clotaire.

Le miracle des *Avoines* est resté très populaire dans le Poitou. C'est pourquoi on le trouvera tracé en plus d'un endroit, entre autres, dans les vitraux de l'église Sainte-Radegonde.

Les peintures murales de Sainte-Radegonde mériteraient l'attention des archéologues et aussi des touristes. Malheureusement, elles ont été réparées avec si peu de goût, qu'elles ont perdu leur ancien caractère archaïque.

Ne quittons pas cet antique monument sans jeter un coup d'œil sur le parvis, un des plus curieux qui existent et qui est du xve siècle, ainsi que le portail de la tour. Il est fermé par une enceinte murée presque à hauteur d'appui et percé de trois ouvertures qui donnent accès dans l'intérieur. C'est là que se rendait autrefois la justice, suivant la juridiction dont quelques églises avaient le privilège et à laquelle on avait donné le nom de *Inter leones*. Des lions accroupis et des anges mutilés, qui servent de tenants aux armes royales de France, sont là pour attester que sur son siège de pierre, s'asseyaient le juge et ses assesseurs, tandis que, à droite et à gauche, se tenaient assis également, les témoins, les accusés et les défenseurs.

La tour, sauf son portail du xve siècle, qui surmonte l'entrée de l'église et devant laquelle se tenaient ces audiences *Inter leones*, est d'une grande pureté de style ; sa forme octogone appartient bien au xie siècle et l'on ne peut que déplorer de voir que la base appartient à un siècle différent.

En sortant de visiter cette curieuse église de Sainte-Radegonde, nous n'avons qu'à prendre le même chemin qui nous y a conduits. Il nous ramènera sur la place du parvis Saint-Pierre. Là nous prendrons la rue de ce nom que nous avons déjà descendue. Arrêtons-nous devant la maison qui porte le n° 1, rue *Saint-Paul* et qui forme l'angle de la rue *Saint-Savin*. C'est là que nous pourrons visiter une chambre qui, suivant la tradition, aurait été celle de Diane de Poitiers quand elle venait dans la capitale du Poitou.

Malheureusement pour la tradition, Diane de Poitiers n'a jamais habité Poitiers et n'y est même peut-être, jamais venue.

Quoiqu'il en soit, la chambre vaut la peine d'être visitée car elle est décorée dans le goût le plus merveilleux de la Renaissance. Son ornementation consiste en arabesques, en rosaces de fleurs et en trophées dont le principal se reproduit à chaque instant. Celui-ci se compose d'une fleur de lis surmontant un sceptre émergeant d'un arc et d'une flèche posés en sautoir. Il en est de même du chiffre fameux, en majuscules romaines, que l'on retrouve dans tous les monuments du temps de Henri II. Le tout avec ce luxe de dorures qu'on retrouve partout, sur les volets, sur la cheminée et sur les portes.

Au lieu de monter la rue *Saint-Paul* suivons la rue *Saint-Savin* ; au bout nous trouverons la rue *Saint-Michel*, qui nous conduit à la place *Notre-Dame*.

LA RUE SAINT-MICHEL

LA MAISON DES TROIS-CLOUS. — LA RUE MONTGAU-
TIER. — L'HOTEL DE LA ROSE. — LES CALVAI-
RIENNES.

La rue *Saint-Michel*, s'amorce à la rue du *Pont-Joubert*, qui commence sur le *boulevard Montbernage*.

Presque tout de suite, après s'être engagé dans la rue *Saint-Michel*, on rencontre, à main droite, la rue *des Carmes* qui doit son nom à un couvent de cet ordre religieux, fondé au XIVe siècle par un sénéchal du Poitou, pendant la domination anglaise. Ce sénéchal était un des généraux les plus redoutables du roi d'Angleterre, à ce point qu'il passait pour être le rival de notre grand Du Guesclin. Il s'appelait Jean Chandos. Les bâtiments conventuels et l'église, qui était dédiée à *Notre-Dame*, ont été détruits pendant la Révolution et des maisons particulières les ont remplacés. Cependant, il existe encore, dans une ruelle qui aboutit rue *Saint-Michel*, une petite porte qui donnait, jadis, accès dans la chapelle de la Vierge.

Un peu plus loin, toujours en montant la rue *Saint-Michel*, on trouve la ruelle *des Minimes* où était un couvent occupé par des religieuses de cet ordre. Sur l'emplacement où s'élevait l'église, on a construit une salle d'asile pour trois cents enfants, tenue par les Filles de la Sagesse. Tout à côté se voit la Manutention militaire.

Au numéro 16, existe encore une curieuse maison du XVe siècle qu'on dit avoir été habitée par Charles VII, quand il vint à Poitiers. L'architecture de cette maison, avec son toit aigu surmonté d'une girouette, appartient bien, du reste, à cette époque. Haute de trois étages, au-dessus de la plus grande fenêtre, on a planté trois grands clous, d'où, le nom de *Maison des Trois-Clous* qu'on a donné à cette antique demeure. Enfin, au-dessus d'une autre croisée, on a sculpté l'écu royal de France, soutenu par deux anges. Enfin, à l'angle droit du premier étage, un homme tenant un phylactère et vu à mi-corps, a été sculpté dans la pierre. Cette maison des *Trois-Clous* est un des plus curieux et des plus rares spécimens de l'architecture du moyen-âge, qui soient encore à Poitiers.

Après avoir passé devant la rue *Montgautier*, qui renfermait jadis une église dédiée à Saint-Léger et qui fut habitée par un commandeur de l'Ordre de Malte nommé *Montgauguier*, d'où, par corruption, on a fait *Montgautier*, on arrive sur la place *Notre-Dame*. Auparavant, il ne faut pas manquer de s'arrêter devant un grand portail surmonté d'un écusson mutilé, situé à main gauche et qui fut jadis une demeure presque princière. C'est là, en effet que se trouvait l'hôtel du Grand Prieur d'Aquitaine qui avait sous sa direction immédiate, toutes les commanderies de la province. L'hôtel, qui existe encore au milieu de vastes jardins, n'offre rien de remarquable.

Enfin, tout près de la rue *Sainte-Marthe*, dans la rue *Notre-Dame-la-Petite* se voit une maison sur laquelle est placée une plaque de marbre. C'est là que se trouvait le fameux hôtel *de la Rose* que Jeanne d'Arc a rendu célèbre.

C'est, en effet, de cette maison que l'héroïne de Vaucouleurs partit pour aller à Orléans et, avant 1825, on montrait encore la pierre sur laquelle elle mit le pied pour monter sur son cheval. On sait qu'au moyen-âge il existait à la porte de toutes les auberges, des pierres semblables qu'on appelait « montoirs » à cause de l'usage auquel elles étaient destinées. Cette pierre se trouve maintenant déposée au Musée de la Ville.

En face de la rue du *Petit-Maure*, dans la *Grande-Rue*, et à main droite, on trouve la rue des *Trois-Cheminées*: Elle renferme, au n° 27, une chapelle toute petite et bien simple. C'est là que résidaient avant la Révolution, les religieuses de l'*Union-Chrétienne*. Depuis, la chapelle est devenue celle des Filles du Calvaire, qui vinrent s'établir à Poitiers en 1617, sur les instances du capucin Leclerc du Tremblay, le fameux confident du cardinal de Richelieu et qu'on appelait alors l'*Eminence grise*. Les Calvairiennes eurent en outre pour protectrices, Antoinette d'Orléans, fille du duc de Longueville et la princesse Marie de Bourbon.

Ces filles ont été placées par S. E. le cardinal

Pie, sous la direction des Pères Bénédictins de Ligugé, quoique la règle des Calvairiennes n'ait presque aucun rapport avec celle des Bénédictins.

Nous voici arrivés sur la place *Notre-Dame*, près du vaste marché couvert de ce nom et nous allons visiter tout d'abord, la remarquable église placée sous le vocable de *Notre-Dame-la-Grande*.

Ce vieil édifice, noirci par le temps et dont l'aspect a quelque chose d'oriental, est un spécimen curieux et rare du style romano-byzantin fleuri, de l'époque secondaire (12e siècle), mais avant d'y entrer, nous examinerons avec l'attention qu'elle comporte, l'entrée principale, une merveille par l'élégance de ses proportions, la profusion et la délicatesse de ses sculptures.

NOTRE-DAME-LA-GRANDE

Dans l'origine, Notre-Dame-la-Grande était une collégiale dont le supérieur avait le titre d'abbé et demeurait dans un hôtel situé au bas de la *Grande-Rue*, non loin de la rue Saint-Fortunat. Suivant une ancienne tradition, l'église primitive Notre-Dame aurait été élevée par ordre de l'empereur Constantin, à la mémoire duquel était érigée une statue équestre placée sur la face méridionale du monument, auprès de la porte latérale. L'inscription, qui existe encore, nous apprend que la statue de Constantin, détruite en 1562 par les protestants fut rétablie en 1592 par les soins de Guy Chevalier. Mais si cette inscription signifie qu'une statue était élevée là, à Constantin, elle ne veut pas dire que l'église, fut construite par cet empereur.

Un savant antiquaire, M. Lecointre-Dupont, pensait avec raison que l'église Notre-Dame fut reconstruite ou agrandie, après l'incendie de 1085 qui consuma l'église que sainte Radegonde avait dédiée à la Sainte-Vierge. Nous disons « reconstruite » avec intention, car il est certain que l'église Notre-Dame existait bien avant le XIIe siècle. Il est question de cette église dans les anciens titres, dès 950, et l'on sait que la femme du comte Guillaume XI. qui mourut vers 1037, y avait son tombeau.

D'après la tradition, cette église remonterait à l'époque gallo-romaine et aurait été bâtie sur l'emplacement d'un temple païen, à l'époque Constantinienne.

Le Père de la Croix s'est assuré de ce point important. Il possède dans ses notes inédites, la preuve que la tradition a sa valeur et aussi que, non seulement l'église Notre-Dame a été construite sur un temple païen, mais aussi sur deux.

Dans tous les cas, il est évident que Notre-Dame fut l'objet, à des époques différentes, de reconstructions et de réparations, surtout après le siège de Poitiers par Coligny.

La façade est un des monuments les plus précieux qui existent. Elle est du xiie siècle ainsi que la première travée, jusqu'à l'escalier surmonté d'une poivrière. Tout le reste de l'édifice est du xie siècle.

Cette façade est une immense page, dans laquelle sont retracés les principaux épisodes de la vie de la Sainte-Vierge et qui fait songer à ses magnifiques triptyques en ivoire, sur lesquels les artistes du moyen-âge sculptaient les scènes principales de l'histoire sacrée.

La description la plus exacte du portail de Notre-Dame-la-Grande a été faite, il y a quelques années, par M. Lecointre-Dupont dont nous avons déjà prononcé le nom plus haut. Nous ne pouvons mieux faire que d'en mettre les principaux passages sous les yeux du lecteur.

« La façade de Notre-Dame, haute de 17 mètres 66 centimètres, non compris la boule demi bordée qui surmonte le fronton et large de 15 mètres 40 cent., présente, ainsi que l'a dit Mérimée, comme un immense bas-relief, entremêlé d'appareil en mosaïques, qui commence à partir du sol et qui se continue jusqu'au sommet du pignon.

« Elle se termine de chaque côté par des massifs dont les faces, non engagées, sont revêtues de faisceaux de colonnes. Le léger espace qui sépare ces faisceaux est orné d'étoiles, de marguerites et de nombre d'autres ornements de caprice presque en plein relief. Les chapiteaux à feuillage de ces colonnes portent une corniche décorée d'ornements et de moulures en creux, et au-dessus, s'élèvent de petites tours rondes, percées de nombreuses ouvertures cintrées, dont les voussures retombent, avec de riches archivoltes, sur les colonnettes groupées qui séparent seules, les ouvertures. Au-dessous de la base des colonnettes, règne une corniche à modillons. Un toit conique, figurant des écailles de poisson renversées, couronne chaque tourelle portée sur une petite arcature demi-circulaire, que soutient un rang de consoles à figures grimaçantes.

« La façade se divise en deux étages, surmontés d'un fronton à pans coupés. Des corniches, portées sur de petites arcades, qui reposent elles-mêmes sur des modillons à têtes grimaçantes ou à figures grotesques, séparent chaque division.

« Le premier offre une porte cintrée entre deux

arcades bouchées, voûtées en ogives et subdivisées, à la hauteur d'un mètre au-dessus du sol, par des colonnettes surmontées d'arceaux à plein cintre qui, dans leur tympan, offraient des sujets parmi lesquels on peut encore reconnaître l'agneau mystique. L'espace compris entre les archivoltes de ces arceaux et la pointe intérieure des ogives, est décoré par une imbrication en écailles de poisson.

« Quatre colonnes en retraite, les unes derrière les autres, flanquent de chaque côté, la porte ; leurs chapiteaux à grands feuillages ou à têtes d'animaux à doubles corps, reçoivent quatre rangs d'archivoltes, les unes plates et les autres à rebords saillants et arrondis, avec des sculptures de motifs très variés. Ce sont des palmettes continuées sur double rang, des guirlandes de pampres entremêlés de raisins, des losanges et des hexagones à facettes saillantes avec fleurons variés sur leur jonction ; puis des têtes plates, des sphinx, des chimères, des masques grotesques et les mille caprices avec lesquels se jouait l'imagination du sculpteur byzantin ; puis enfin sur les rebords, des billettes et des fleurs détachées. Les arcades latérales à ogives n'ont, de chaque côté, que deux colonnes et, par conséquent, n'ont que deux rangs d'archivoltes d'une ornementation aussi riche et peut-être plus élégante que les sculptures de la porte.

. . . .

« Immédiatement au-dessus des arcs de la porte, règne en ligne droite, la corniche qui sépare le premier ordre du second. Cette corniche, formée d'une plate-bande, d'une arcature à modillons et d'un filet, sur laquelle courent, en tous sens, les salamandres et autres individus de la famille des monstres fantastiques, entremêlés à des feuillages et à des masques, laissait un vide entre elle et les sommets des arcades latérales moins élevées que la porte. Une frise d'inégale hauteur, plus étroite au-dessus des arcades, plus large là où les arcs, en s'abaissant, lui permettent de descendre entre eux, tout à fait interrompue au milieu de la façade, a été plaquée pour remplir ce vide.

« Cette frise qui, dans une suite de sujets d'histoire sacrée sculptés en bas-relief, offre une épopée religieuse, est sous le rapport de l'art, inférieure aux riches détails que nous avons signalés. Le sculpteur byzantin, qui fouillait avec tant de grâce les feuillages et les guirlandes, qui semait avec tant de profusion les fleurs et les fantastiques images et qui animait d'une si horrible et si grotesque expression, les monstres grimaçants, ne savait plus, dès qu'il fallait reproduire les formes et la figure humaine, trouver sous le ciseau, que les poses les plus raides, que des types sans vie, que des traits durs et compassés. Et cependant, malgré ses défectuosités artistiques, la façade de Notre-Dame-la-Grande est la page d'histoire sainte la plus complète et en même temps la plus admirable de l'art roman en France.

« En commençant de gauche à droite, la première scène nous montre en profil, Adam et Eve près de l'arbre de Science que le serpent entoure de son corps. Au bas de l'encadrement se trouve une inscription dont on lit à grand peine les fragments que voici :

DA : EVE C..... E. T. HOMINI PRIMORDIA LVC

et qui peut être ainsi restituée

ADA : EVE CRIMEN PERT HOMINI PRIMORDIA LVCTVS

ce qui signifie, en mauvais latin, que le deuil est

entré dans le monde par la désobéissance de nos premiers parents.

« En effet sur le second bas-relief on voit la personnification la plus frappante du vice et de l'orgueil : Nabuchodonosor est représenté assis sur son trône, entouré de tout le luxe oriental ; et afin que le doute ne soit pas permis, l'artiste y a gravé l'inscription suivante ainsi disposée :

NABVCO   **NOSOR**
REX

« Au-dessus de la pointe ogivale de la première arcade, quatre prophètes formant le troisième sujet, annoncent au monde un libérateur. Deux de ces prophètes debout, et vus de profil, déploient des rouleaux et des phylactères ; assis au milieu des deux premiers, les deux autres, vus de face, présentent des livres ouverts.

« Sur le premier phylactère on lit :

CVM VENERIT SANCTVS SANCTORVM

« C'est le résumé de la prophétie de Daniel sur le temps et les effets de la venue du Messie.

« On lit sur le second phylactère :

PROPHETAM DABIT VOBIS DE FRATRIBUS VESTRIS
ET NON ESTIMA

texte tiré du verset 15, chap. XVIII, du Deutéronome et de la fin du verset 36, du chap. III de Baruch.

« Sur le premier livre ouvert, se trouve cette phrase du chapitre III de Baruch, verset 38 :

POST HÆC IN TERRIS EST ET CUM HOMINIBUS
CONVERSATUS EST

« Enfin le second livre offre cette prophétie bien connue d'Isaïe (chap. XI, vers. 1) :

EGREDIETUR VIRGA DE RADICE JESSE, ET FLOS DE
RADICE EJUS ASCENDET.

« Comme on voit l'histoire sainte est complète. Les temps sont venus et le quatrième bas-relief représente la scène de l'Annonciation. La Sainte-Vierge est vue de face, vêtue d'une longue robe aux plis raides, dont le bas est garni d'une riche broderie. Ses pieds sont chaussés de souliers pointus. L'envoyé du Seigneur se détache en profil, les ailes baissées, inclinant légèrement le front. Une écharpe descend de son bras gauche, et de sa main droite il tient un lys.

« Un autre bas-relief, qui vient immédiatement après la Salutation angélique, représente la prophétie entière d'Isaïe, celle que l'on connaît généralement, l'Arbre de Jessé et qui a été représentée tant de fois au moyen-âge. Jessé accroupi, a la tête ceinte de racines d'où s'élève une tige surmontée d'un lis, sur lequel repose une colombe, emblème du Saint-Esprit.

« La frise recommence au-dessus du cintre de la porte et nous montre la Visitation. Dans ce bas-relief le sculpteur a représenté l'humble maison de Nazareth et la ville de Jérusalem, figurée par ses murailles, ses tours, ses portes, et même son Temple surmontée de la croix. Entre la maison et la ville, Marie et Elisabeth se rencontrent et s'embrassent. Les deux saintes sont vêtues de robes à la mode byzantine, longues, étroites et serrées, tandis que les servantes qui accompagnent leurs maîtresses, portent des tuniques étoffées, dont les manches serrées au coude, s'élargissent à partir de l'avant-bras, et pendent jusqu'à leurs pieds ; costume qui indique sans aucun doute le XIIe siècle.

« Dans le septième bas-relief, on voit le Sauveur couché dans la crèche, en compagnie de l'âne et du bœuf, dont une claie seule le sépare. Tout à côté du berceau improvisé, Marie couchée, tend sa main à son divin fils. Au pied du lit de la Sainte-Vierge deux femmes accroupies, plongent l'Enfant Jésus, dont la tête est entourée de l'auréole, dans une coupe élégante qui rappelle les baptistères du XIIe siècle. Plus loin et comme présidant à cette scène, on voit un homme assis, la tête appuyée sur sa main droite et vêtu d'un manteau magnifiquement brodé ; c'est saint Joseph dont la présence est toujours constatée dans cette scène de la vie de Jésus, si souvent reproduite par les artistes du moyen-âge.

« Au-dessous de saint Joseph, on voit deux autres personnages qui semblent s'embrasser avec effusion. C'est la *Miséricorde*, représentée comme il fut souvent d'usage, autrefois, sous des traits masculins et la *Vérité* qui est figurée par une jeune fille, et derrière laquelle s'enfuit un loup dont la longue queue repliée entre ses pattes, se termine en arabesques. Ce loup, c'est évidemment le démon.

« Le second étage, offre deux rangs superposés d'arcades formées par de petites colonnes surmontées d'arcs à plein cintre. Le rang supérieur offre six arcades contenant autant de statues debout ; au rang inférieur sont huit arcades et huit statues assises. Deux des statues du premier rang portent les insignes de l'épiscopat, la mitre, le bâton pastoral, le long manteau traditionnel qui se termine en pointe au-dessous des genoux Ces deux évêques sont sans aucun doute, les deux célèbres pontifes des premiers siècles, dans nos contrées, saint Hilaire et son disciple saint Martin. Dans les autres statues on reconnaît facilement les douze apôtres, saint Pierre avec ses clefs ; saint Jean qui tient déployé le rouleau de l'Evangile ; saint Mathieu avec son phylactère et le livre d'évangiles déployé, etc.

« Une grande fenêtre à plein cintre, qui descend jusque sur la plate-bande de la corniche et qui se prolonge jusque dans le fronton, s'ouvre au milieu de cet étage et coupe la corniche et les deux colonnades. Enfin, au-dessus de cette fenêtre, se trouve un grand médaillon ovale en retraite et semé de fleurs et d'étoiles, au milieu desquelles apparaît Notre-Seigneur dans sa gloire. Aux pieds du divin Maître sont, sur deux lignes, le taureau, l'aigle, l'ange et le lion, symboles des quatre Evangélistes. Au-dessus de sa tête, un chœur d'anges se balance dans les nuages et tout autour du médaillon, des têtes saillantes de chérubins semblent chanter le triomphe éternel de Dieu et de la Vérité. »

Comme on le voit, le portail de Notre-Dame est, en quelque sorte, le livre sculpté de l'histoire de la religion, depuis la faute originelle jusqu'à la naissance de Celui qui ramena avec lui, sur la terre la vérité et la miséricorde.

Le Ministre de l'Instruction publique et des Beaux-Arts a fait prendre par des mouleurs de l'Etat, des estampages en plâtre de cette façade. Ils figurent dans le splendide Musée d'Architecture française du Trocadéro à Paris.

L'intérieur de Notre-Dame est fort curieux à

visiter. Il se compose d'un nef principale et de deux nefs latérales fort étroites. Dans le bas-côté gauche se trouvent plusieurs chapelles, qui font saillie au dehors de l'église. Les trois chapelles qui ont des toits coniques, sont des XIIIe et XIVe siècles, les autres des XVe et XVIe. Ces dernières surtout, offrent des détails remarquables d'ornementation, des culs-de-lampe fort gracieux, des guirlandes, des pilastres et des plafonds à compartiments.

Il paraît que la plupart de ces chapelles étaient destinées, dans l'origine, à servir de sépultures de famille. On voit en effet, des écussons sur leurs clefs de voûte, parmi lesquels ceux de plusieurs maires de Poitiers et celui de Jean de Torsay, grand maître des arbalêtriers de France. Ces chapelles ayant été ravagées par les protestants, plusieurs de leurs arceaux tumulaires n'ont plus, ni les statues qui les ornaient, ni les inscriptions qui rappelaient ceux pour lesquels elles avaient été construites.

Le plus grand de ces arceaux, situé dans la chapelle Sainte-Anne, à droite du chœur, a reçu depuis la Révolution, un groupe fort intéressant représentant l'ensevelissement du Christ. La chapelle Saint-Anne fut fondée en 1476 par un grand sénéchal du Poitou, Yvon du Fou et Anne Morande sa femme, pour leur servir de sépulcre. Le groupe dont nous parlons provient de l'ancienne abbaye de la Trinité, où il avait été élevé pour servir de tombeau à l'abbesse Marie d'Amboise, morte le 8 février 1537. C'est une sculpture des plus curieuses et qui reproduit, avec une grande fidélité, les costumes de l'époque où elle a été sculptée.

Ce groupe a été fait par des artistes Italiens, on le retrouve dans plusieurs églises de France, entre autres dans celle de l'abbaye de Solème.

La chapelle de la Sainte-Vierge, qui se trouve derrière le chœur, a été restaurée il y a une vingtaine d'années, ainsi que celle dédiée à saint Joseph Les peintures murales qui les décorent méritent d'être regardées avec attention par les connaisseurs.

Une des plus grandes curiosités de l'église Notre-Dame est, sans contredit, la fresque antique qui couvre la voûte sous laquelle se trouve le maître-autel et qui fut découverte en 1852. Voici la description qu'en avait faite M. de Longuemar, à la Société des Antiquaires de l'Ouest.

« Cette vaste composition qui clora dignement, une fois restaurée, l'ensemble des peintures de cette église, empreinte d'un cachet si original, ne comprenait pas moins de trente figures principales, outre de nombreux accessoires ; plusieurs ont presque disparu. Au fond de la coupole, la Vierge, avec l'Enfant Jésus sur ses genoux, occupe le centre d'une auréole de forme elliptique brisée, au sommet de laquelle planent deux anges. De saintes femmes, dans l'attitude de l'adoration, se tiennent debout, trois par trois, de chaque côté.

« Sur les côtés de la coupole qui font retour, les douze apôtres, assis ou debout dans des niches formées par des arcatures continues, sont rangés six à la droite et six à la gauche du groupe central. Puis viennent deux tableaux d'âmes suppliantes, sous la forme de figures nues et sans sexe, encadrés chacun entre deux archanges qui, de leurs gestes, désignent le ciel de la voûte. Ce ciel est occupé par un médaillon fort endommagé qui pourrait avoir contenu une main nimbée ou peut-être l'Agneau apocalyptique. Entre ce médaillon, placé du côté de la nef et le groupe de la Vierge, tout le dos de la voûte était rempli par l'image colossale d'un Christ triomphant, au milieu d'une auréole bilobée, à laquelle étaient accolés des anges de support et des tétramorphes évangéliques.

. . . .

« Cette grande fresque peinte à deux reprises différentes, ou plutôt modifiée par une seconde application de peinture, faite immédiatement sur la première, à une époque postérieure d'un demi siècle au moins, paraît dater d'une nouvelle dédicace de l'église sous le vocable de Notre-Dame. »

Il faut signaler aussi une petite colonne peinte en marbre et encastrée dans le mur de la septième travée de la nef à droite, et sur laquelle est sculpté un cœur d'où s'échappent des fleurs. Voici la légende qui est représentée sur ce petit monument, d'après un historien du Poitou, Bouchet :

« L'abbé de Notre-Dame avoit un jeune neppeu, très dévot à la Vierge Marie, toutefois au moyens de sa jeunesse, qui est volontiers porté à folie... et eut une si merveilleuse contrition et desplaisir de son péché, qu'une faiblesse le print et s'esmeut le sang en son corps si très fort, qu'il mourut dedans une heure après.

« La pauvre femme, doutant de sa mort, et que si elle attendait qu'il expirast, ou lui pourroit imposer qu'elle l'avait occis s'écria : et à son cry vindrent des serviteurs, qui furent présents à voir trépasser ce jeune enfant après qu'il eut reçu le sacrement de confession.

« Son oncle fut adverti, .. pourquoy ne sachant rien, le fit enterrer en terre prophane, près de ladite église, ès doües du Palais de Poictiers qui est encores. Lesquelles doües sont à présent remplies de maisons et au lieu ou est comme on dit, la maison de Maisonnier dit Péricault.

« Le bruit fut grand de l'inconvénient ; les uns en parloient en bonne sorte, les autres en mauvaise : mais il advint (comme Dieu voulut) que la vérité fut sceüe bientost : car quinze jours après ou environ, on trouva sur la fosse du trespassé une roze blanche en branche verte nouvellement venüe, iaçoit que ce n'en fust la saison.

« Pourquoy fut le jeune enfant desenterré, et on trouva en sa bouche un petit billet de papier, où estoit escrit en lettres d'or, *Maria* : dont chascun fust fort esbahi. Et à cette raison on fit information du cas, et comme il estoit mort, et on trouva par la femme, par le prestre qui l'avoit confessé et les serviteurs qui l'avoient veu trépasser, qu'il estoit décédé en douleur et déplaisir qu'il avoit eu de son péché : par quoy fut mis en terre saincte.

« Et en commémoration de ce, on fit faire une image de Notre-Dame en laditte église sainct-Nicolas qui y l'image qu'on y voit de présent, où depuis ont été faits tant de miracles au moyen de ce qu'on appela depuis ladite église Notre-Dame-la-Grande. »

En sortant de l'église Notre-Dame par le portail latéral, on arrive, après avoir traversé la rue *Saint-Étienne*, à la rue du *Marché* dans laquelle on voit, au numéro 21, une ravissante maison de la Renaissance toute couverte de sculptures. Sur un des cartouches placés au-dessous de deux de ses croisées, on lit : IN DNO CONFIDO, 1557 ; et sur le second : HOC EST REFUGION MEUM, 1557. Cette maison vaut la peine qu'on la regarde. Elle a été étudiée, décrite et publiée par M. Léon Palustre et les Antiquaires de l'Ouest.

Dans cette rue du *Marché*, on laisse à gauche la rue *Notre-Dame-la-Petite*, ainsi nommée d'une ancienne église assez laide, qui s'élevait sur le petit plan à gauche et qui fut démolie pendant la Révolution; on passe devant l'*Echelle du Palais*, une ruelle tortueuse qui monte au Palais de Justice. et on arrive dans la rue des *Jacobins*, en traversant la rue des *Cordeliers*.

Suivons la rue des *Jacobins*. On trouve à gauche, la rue d'*Orléans* et à droite la rue de l'*Eperon* qui conduit à la rue du *Chaudron-d'Or*, où se trouve la *Poste aux lettres*.

Au coin de la rue de l'*Eperon*, on voit un grand hôtel, celui de la *Banque de France*. Un peu plus loin se trouve l'imprimerie du *Courrier de la Vienne*, un des grands journaux de Poitiers et l'organe du clergé. Quant à la rue du *Chaudron d'Or*, qui doit son nom à une ancienne enseigne, elle aboutit à la rue de la *Galère*, qui tire également son nom d'une vieille enseigne représentant nu navire ; elle conduit à la *Place d'Armes* et à la rue des *Grandes Ecoles* dont nous parlerons plus loin.

Il vaut mieux revenir sur nos pas, prendre la rue *Saint-François* qui nous conduira sur la *place Saint-Didier*. En passant dans la rue des *Cordeliers*, arrêtons-nous un instant devant un petit jardin fermé par une grille et dans lequel s'élèvent de grosses tours imposantes et ornées de statues mutilées ; ce sont celles de l'ancien palais des comtes du Poitou. Suivons toujours jusqu'à la rue *Saint-François*, que nous prendrons à droite et qui nous conduira sur la place *Saint-Didier*, sur laquelle s'élève le *Palais de Justice*.

Si nous en croyons les anciens historiens de Poitiers, il faut remonter jusqu'au règne de l'empereur Julien pour trouver l'origine du Palais de Justice actuel. Ruiné pendant la conquête par les Visigoths, il fut reconstruit par les premiers rois Carlovingiens et détruit de nouveau par les Normands. Mais lorsque les comtes de Poitou devinrent ducs d'Aquitaine, il fut reconstruit par l'un d'eux, Guillaume-le-Grand, dans les premières années du XIe siècle.

Les rois de la première race qui se logèrent au milieu des ruines du palais gallo-romain, y battirent monnaie dit on. Sous la seconde race, Louis-le-Débonnaire, qui l'appelait son « château royal de Poitiers, » y résida souvent. Il y célébra, entre autres, les fêtes de Noël, en 839. Enfin, lorsque les ducs d'Aquitaine vinrent habiter le Palais, on lui donna le nom d'*Aula*, ce qui indique que ces princes, aussi puissants que des rois, y tenaient leur cour.

Guillaume-le-Grand en fit une sorte de château-fort entouré de fossés profonds qu'on remplissait d'eau à volonté. L'histoire nous apprend que le comte de Poitou tint un plaid dans son *aula* de Poitiers, en 1044. Huit ans après, sa veuve qui avait épousé en secondes noces le comte d'Anjou Geoffroy-Martel, y fit proclamer l'aîné de ses deux enfants du premier lit, en qualité de comte de Poitou et duc d'Aquitaine, sous le nom de Guillaume VI.

La race de Guillaume-le-Grand se perpétua jusqu'à Aliénor, duchesse d'Aquitaine, qui, par son mariage avec Henri II, roi d'Angleterre, fit tomber le Poitou sous la domination anglaise.

Aliénor habita souvent le Palais avec son mari et ses fils, dont le plus célèbre est Richard Cœur-de-Lion.

C'est Guillaume VI qui, dit-on, fit construire la superbe salle des Gardes qui sert aujourd'hui de salle des Pas-Perdus au Palais de Justice. Cependant, les archéologues ne sont pas d'accord sur ce point. Les uns attribuent cette salle à Jean, duc de Berri et frère du roi Charles V, qui lui donna le comté de Poitou comme récompense de sa vaillante conduite pendant la guerre que Du Guesclin soutint brillamment contre les Anglais. D'autres croient que cette salle est partie du XIe siècle et partie du XIVe. Ceux-là sont évidemment dans le vrai. Les murs de la salle des Gardes avec ses fausses galeries où le plein cintre domine et ses modillons à figures d'hommes et d'animaux, portent bien la marque de la fin du XIe siècle. Ce que le comte fit construire, c'est la façade sud du Palais sur laquelle s'ouvrent trois grandes fenêtres en ogives trilobées, au-dessus desquelles règne une galerie décorée de pinacles à ogives flamboyantes ornées de bouquets de feuilles et surmontées de statues, tout cela d'une élégance, d'une légèreté admirables. Au-dessous de la galerie, trois immenses cheminées surmontées par une large frise ornée de rinceaux, de chapitaux sculptés et de trois écussons, chauffaient cette immense salle dont l'aspect est réellement grandiose.

Le palais fût brûlé en 1346 par les Anglais, et c'est cinquante ans après que Jean, duc de Berry, fit reconstruire la partie méridionale qui fut alors assez mal raccordée à la salle des gardes. C'est également à cette époque qu'on ajouta le donjon, avec les quatre tours qui viennent presque border la rue des Cordeliers.

La célèbre tour historique de *Maubergeon*, de laquelle relevaient les principaux fiefs de la province de Poitou, se trouve comprise dans ce bâtiment. Le nom de *Maubergeon*, si nous en croyons Dufour, vient du mot germanique *Malhberg*, qui signifie le lieu où l'on rend la justice ; c'est là, en effet, que sous Charlemagne, se tenaient les audiences publiques.

Il est question, dans les projets d'embellissement de la ville, d'isoler cette partie du Palais de Justice dans laquelle se trouve la tour de *Mauber-*

geon, qui reparaîtrait dans ce cas, à la lumière, dans toute sa splendeur archéologique. On peut, du reste, se faire une idée de l'aspect qu'aurait le Palais de Justice si ce projet était mis à exécution, en examinant la réduction en plâtre de cette portion du monument, qui se trouve dans le musée de la Ville.

LA PRÉVOTÉ ET LE PILORI

LA RUE DE LA REGRATTERIE. — LA RUE DES VIEILLES-BOUCHERIES. — LE PLAN DES PETITS-JÉSUITES. — LA RUE DE LA CHAINE.

Il y avait autrefois, sur la place *Saint-Didier*, une église dont il ne reste pas trace et qui se trouvait à l'endroit où s'élève la maison portant le n° 7. Elle avait deux cimetières qui ont formé la place actuelle.

La rue des *Vieilles-Boucheries* s'amorce à la rue du *Moulin-à-Vent*, à gauche de la rue de la *Regratterie*, dans laquelle se tenait, au xvi° siècle, le minage, auprès de l'hôtellerie Saint-Jacques.

La rue des *Vieilles-Boucheries* aboutit au *Plan des Petits-Jésuites*, où était jadis le collège des

Pères Jésuites d'Hibernie. Les bâtiments de ce collège sont, aujourd'hui, occupés par les *Sœurs de la Charité des Sacrés-Cœurs de Jésus et de Marie*. Ils furent augmentés, de 1850 à 1854 et on construisit une jolie chapelle en style ogival. Là, commence la rue de la *Prévôté* au bout de laquelle on trouve, à gauche, un hôtel construit par François Fumée, magistrat de la ville, seigneur de la Pierrière et de Jaulnay, un bijou du XVe siècle qui est occupé aujourd'hui par l'école communale des Frères de la Doctrine Chrétienne. En face, à droite, s'élevait ce qu'on appelle la prison et qui n'était autre que la Prévôté de Poitiers.

Les Prévôts étaient, dans l'origine, des délégués des gouverneurs des provinces qui avaient pour mission de rendre la justice et de percevoir les impôts en leur nom. Plus tard, Louis XI ayant autorisé le Prévôt des maréchaux à avoir des lieutenants dans les provinces, ceux-ci furent, par la suite, chargés de la police dans les campagnes et du soin de faire exécuter les édits. La charge de Prévôt était, on le voit, fort importante, aussi n'est-il pas étonnant que ces fonctionnaires aient eu des demeures princières. La façade de l'hôtel que l'on croit, à tort, être la Prévôté de

Poitiers, est des plus remarquables et peut être citée comme un des plus jolis modèles de l'architecture du xv⁵ siècle. Elle offre une richesse d'ornementation merveilleuse, composée de fleurs, de feuilles, d'arabesques, de fruits, d'animaux, de sirènes, de branchages, etc. Au-dessus se déploient comme des panaches, des jets de feuillages. La façade de ce bijou archéologique est, en outre, un spécimen d'une des difficultés les plus grandes qui existent en architecture, en ce sens qu'elle a dû être construite en biais. Malheureusement, l'intérieur de la Prévôté ne correspond pas à l'extérieur ; il est nu, uniforme et n'a aucun caractère artistique.

La rue qui fait suite à la *Prévôté* est la rue de la *Chaîne,* ainsi nommée sans doute, à cause de sa proximité des prisons.

Cette rue, d'après le Père de la Croix, serait une ancienne rue romaine, faisant suite à celle dite des *Curés* (autrefois des *Grandes-Étuves*), longeant la voie romaine qui a été détruite en 1869.

L'hôtel situé au fond de la cour de la maison qui porte le numéro 24, est aussi fort remarquable. Il fut construit en 1529 par René Berthelot, maire de Poitiers, qui y fit sculpter ses armes.

A droite, en descendant la rue de la *Chaîne*, presque au commencement, on trouve la *place du Pilori*, où se tenait, avant la Révolution, le marché et où se faisaient alors les exécutions criminelles.

C'est une place assez vaste entourée d'arbres, à laquelle viennent aboutir plusieurs rues dont voici la liste, avec les curiosités historiques qu'elles renferment.

1° La rue *Cloche-Perse* ou plutôt *Cloche-Verte*, qui doit sans doute son nom à une enseigne d'auberge ou de magasin. On voit, à main droite, au coin de la place, un petit pavillon percé d'une fenêtre carrée à côté de laquelle se trouve comme scellé dans le mur, un fer de mulet. Un historien de Poitiers, M. de Chergé, raconte ainsi l'histoire de ce fer :

« Quelques années avant la Révolution, un muletier chargé de conduire des sacs de poudre, avait eu l'imprudence d'attacher son mulet dans la rue *Cloche-Perse*, à quelque distance de là. Une étincelle qui jaillit du pavé frappé par le pied de l'animal, provoqua une explosion immense Le mulet disparut, mais une de ses jambes, lancée avec violence contre la fenêtre de la maison que vous voyez, l'enfonça complètement et c'est en souvenir de cet accident que le fer attaché à cette jambe a été placé près de la fenêtre qui fut victime de sa brusque visite ».

2º La *Rue des Flageolles* renferme, au nº 8, une maison qui fut autrefois celle des Plaids d'Anguitard et qui fut construite, en 1324, par un maire de Poitiers, nommé Jean Guichard, d'où, par corruption, on a fait *Anguitard*. La maison a été reconstruite, mais il reste encore à l'intérieur, une tour qui faisait partie de la construction primitive.

C'est aussi dans cette maison qu'on peut voir un des morceaux les mieux conservés de la fameuse enceinte romaine, qui a été étudiée par la Société des Antiquaires de l'Ouest. Le Père de la Croix, qui a repris le travail de ses collègues concernant l'enceinte fortifiée, dite gallo-romaine, considère Poitiers comme une des villes les plus importantes de l'empire romain, dans les Gaules.

3° La *rue des Flageolles* aboutit à la rue de la *Tête-Noire* et à la rue des *Gaillards*, lesquelles vont se perdre sur le *plan de l'Etoile*. Au numéro **13** de cette place, on voit un fort joli hôtel du xvie siècle et, sur la gauche, un portail construit récemment, qui sert d'entrée à la Faculté des sciences.

4° Enfin, en prenant la rue du *Marché*, qui vient également s'amorcer au *plan de l'Etoile*, on arrive sur la place du *Marché*, sur laquelle s'élève, en face de l'église Notre-Dame, que nous avons vue tout à l'heure, l'*Ecole de Droit*, qui vient d'être reconstruite sur un nouveau plan et grâce à des dépenses énormes.

Comme monument, l'Ecole de Droit n'a rien de remarquable. Ce fut autrefois, avant la Révolution, l'*Hôtel-Dieu* Dans la salle des *Exercices publics* on voit le buste en bronze de l'illustre jurisconsulte Boncenne. C'est une des œuvres les plus remarquables du grand statuaire David d'Angers. Au milieu de la cour, en face de la porte d'entrée, on a placé quelques arcades en plein cintre et à chapiteaux sculptés, provenant de l'ancien cloitre de l'église Notre-Dame.

La Bibliothèque publique, qui se trouve au premier étage de l'aile droite, est très riche. Elle se compose de plus de 30,000 volumes dont quelques-uns sont précieux, de dessins et de gravures remarquables. Ce beau fond de bibliothèque se compose des bibliothèques des Dominicains, des Bénédictins, des Jésuites et d'autres confisquées pendant la première Révolution.

La Bibliothèque est publique. Elle renferme une grande quantité de volumes concernant les Sciences et les Arts anciens et modernes, ainsi que l'Histoire et l'Archéologie.

Parmi les manuscrits, il faut citer la *Vie de sainte Radegonde* par saint Fortunat, manuscrit du xie siècle, orné de fort belles miniatures, de lettres ornées etc. ; un magnifique *Évangéliaire* de la fin du xiiie siècle ; le *Livre des sentences* de Pierre Lombard, du xe siècle ; un *Pontificale romanum* du xie siècle ; *un Rituel* du xiiie ; le *Livre de saint Pierre-le-Puellier* qui renferme l'Évangile de

Nicodème et l'histoire de sainte Loubette que nous avons racontée plus haut; des Livres d'heure, des missels, des psautiers des XIVe, XVe et XVIe siècles, enrichis de miniatures adorables et admirablement bien conservées, entre autres, le psautier in-quarto sur peau de vélin qui passe pour avoir appartenu au roi René, etc., etc. Puis des *incunables* de toute rareté ; des documents d'un prix inestimable pour l'histoire du Poitou ; des ouvrages précieux de théologie, de jurisprudence et de science, enfin une collection nombreuse de livres concernant l'histoire de France et la géographie. Le bibliothécaire, un conservateur aussi aimable que savant, se fera un vrai plaisir de vous montrer tout cela, ainsi qu'une fort curieuse collection de gravures et de dessins, parmi lesquels se trouvent des œuvres de grands maîtres.

Au rez-de-chaussée de cette aile droite, on a installé récemment, la bibliothèque des Facultés qui contient, elle aussi, un grand nombre de livres, mais ayant presque tous rapport aux sciences, aux lettres, à la médecine et à la jurisprudence. Cette bibliothèque est spécialement réservée pour l'étude ; elle n'est pas publique.

Le grand marché. — La rue Mexico. - La rue des Trois-Cheminées. — La rue de l'étude. — La rue des Quatre-Vents. — La rue Saint-Denis. — La rue des Carmes. — La rue Sainte-Opportune.

En sortant de la bibliothèque, il nous faut passer devant le côté gauche de l'église Notre-Dame. Nous trouvons, en face de nous, le *Grand-Marché* qui fut construit en 1860 et qui est le plus important de la ville. On traverse le Grand-Marché dont on doit admirer les proportions vastes et hardies et on descend la rue *Mexico*, au bout de laquelle est un carrefour où viennent aboutir, à droite, la rue des *Trois-Cheminées*, à gauche, la rue des *Quatre-Vents*, et en face, la rue de l'*Etude*.

Dans la rue des *Trois-Cheminées* se trouve, à droite, le couvent des Religieuses du Calvaire qui occupe les bâtiments habités, avant la Révolution, par les religieuses de l'Union-chrétienne, aujourd'hui rue Sainte-Radegonde. Ce couvent avait été fondé en 1617, par le célèbre capucin Joseph, l'*Eminence grise*, qui seconda si bien l'illustre cardinal de Richelieu.

La rue de l'*Etude* renfermait autrefois, le *Jeu de Paume*, ce jeu si aimé de nos bons aïeux et dont les provinces du nord de la France n'ont pas encore perdu le goût. Il y avait, du reste, à Poitiers, beaucoup de jeux de Paume. Celui-ci fut supprimé en 1712. Il n'y a pas très longtemps, on en voyait encore la porte d'entrée au-dessus de laquelle on avait placé un bas-relief représentant plusieurs personnages, avec cette inscription : *A l'Estude 1592*.

Ce bas relief, on ne peut plus mutilé, figure dans la collection lapidaire de la Société des Antiquaires de l'Ouest, rue des Grandes-Ecoles.

En traversant la rue *Mexico* et la rue de l'*Etude*, on entre dans le dernier tronçon de la rue des

Trois-Cheminées, après quoi on arrive à un autre carrefour formé par les rues *Saint-Denis*, *Sainte-Opportune* et des *Quatre-Vents*.

La rue *Saint-Denis* va rejoindre, en formant un coude assez long, la rue des *Carmes*. A l'angle gauche, se trouvait autrefois le prieuré de Saint-Denis, qui existait déjà au XIIe siècle puisqu'il fut donné à l'abbaye de Noyers en Touraine, au mois de mai 1120, par l'évêque de Poitiers. Il n'en reste plus que le souvenir.

La rue *Sainte-Opportune* renferme les restes de l'ancienne église de ce nom qui, au XIIIe siècle, était une paroisse de la ville. C'est dans cette église que se passaient, comme nous l'avons déjà dit, les actes de la *Faculté de théologie*. Elle était située en face de la rue des *Gaillards*, dont nous dirons quelques mots tout à l'heure.

Quant à la rue des *Quatre-Vents*, elle fait pour ainsi dire suite à la rue des *Trois-Cheminées* et conduit à un autre carrefour formé par les rues des *Feuillants*, de l'*Hospice*, *Saint-Cybard* et du *Jardin des Plantes*.

La rue des Feuillants. — Le sacré-cœur. —
Le collège saint-joseph. — L'hôtel-dieu.

La rue des *Feuillants* a reçu son nom du couvent de cet ordre, qui y était établi avant la Révolution et dont la fondation remontait à l'année 1616 Les *Religieuses du Sacré-Cœur* occupent aujourd'hui, quelques-uns des bâtiments auxquels on en a ajouté d'autres, avec une chapelle dont le dôme fait assez bon effet et qui est toute moderne. Elle forme l'encoignure d'une petite rue tortueuse appelée rue du *Pré-l'Abbesse* et qui aboutit sur le *Boulevard Bajon*, en face d'un très beau jardin, devenu une annexe du collège Saint-Joseph.

Le collège Saint-Joseph, qui était dirigé par les Jésuites, et devenu, en 1880 la propriété d'une société civile qui l'exploite à ses risques et périls ainsi qu'un grand nombre d'autres établissements du même genre. Il est situé rue des *Feuillants*, immédiatement le Sacré-Cœur dont il est séparé par la rue du *Pré l'Abbesse*.

Les Jésuites, depuis leur arrivée à Poitiers, s'étaient installés, pour donner leur enseignement, dans un immeuble connu sous le nom de Collège de Saint-Vincent-de-Paul, rue d'Orléans. Ils y restèrent jusqu'en 1854, époque à laquelle il est immeuble pour aller habiter celui dont nous parlons. Le nouveau collège ne tarda pas à obtenir un tel succès qu'on fut obligé d'y joindre différentes annexes, lesquelles devinrent bientôt insuffisantes. Les Pères furent donc obligés de construire le nouvel établissement si splendide qui s'élève aujourd'hui sur l'ancien emplacement occupé jadis par le couvent des Filles de Saint-François et qu'ils ont abandonné depuis le 1er août 1881.

Ce fut Mgr Pie qui en posa la première pierre le 15 juin 1857, ainsi que le témoigne une inscription qui a consacré cet évènement.

Trois ans après, les jésuites prenaient possession de leur collège.

Les jardins de cet établissement, que l'on a songé à utiliser autrement, sont très étendus. Ils descendent jusqu'au boulevard Bajon où ils ont une sortie fermée par une grande grille. En face, de l'autre côté du boulevard, s'étendait jadis un vaste terrain nommé le *Pré-l'Abbesse*, coupé, çà et là, par de petits cours d'eau qui ne sont en réalité que des dérivés du Clain qu'ils vont rejoindre.

Ce terrain, autrefois inculte, est devenu une véritable oasis toujours verte, plantée d'arbres fruitiers et sillonnée par plusieurs allées qui en font une promenade charmante. C'est un des jolis coins de paysage du Clain dont la rive est semée, sur tout le parcours, de vues plus pittoresques les unes que les autres. Là, ce sont des prairies d'un vert à tenter un Diaz ou un Rousseau, émaillées de mille fleurs où bourdonnent les abeilles, plantées de peupliers qui y projettent leurs grandes ombres ; plus loin ce sont des rochers rongés par les eaux il y a quelques milliers d'années, qui se dressent majestueux et semblent autant de sphynx dont aucun Œdipe n'a encore deviné les secrets. Ici, des moulins font entendre leur tic-tac régulier ; là, encore, des villages aux coquettes ou rustiques maisons, paraissent jetés comme autant de points brillants et lumineux. Les rives du Clain n'ont pas le grandiose des bords de la Seine ou de la Loire, mais elles ressemblent à une miniature renfermée dans un petit cadre, et où la finesse du pinceau rivalise avec la fraîcheur du paysage.

Remontons à droite, traversons de nouveau la rue du *Jardin-des-Plantes* et engageons-nous dans la rue de l'*Hospice*, qui mène à la rue des *Buissons*, dont elle est séparée par la rue *Sous-Saint-Cybard* et la rue de *Chasseigne*. C'est dans cette rue que se trouvent l'*Hôtel-Dieu* et l'*Ecole de médecine*.

La rue *Saint-Cybard* rappelle deux antiques souvenirs. Le couvent des Sœurs de la Miséricorde, qui a été établi en 1834 par une riche famille poitevine, possède une chapelle fort jolie mais qui est surtout curieuse parce qu'on y a utilisé une portion de l'église Saint-Cybard, qui était elle-même un ancien édifice gallo-romain, dont on fit après la Révolution, un magasin à fourrage, et en dernier lieu, un gymnase. C'est aussi derrière cette église que se trouvait le terrain vague dans lequel, au moyen-âge, on représentait les *Mystères* ou drames pieux, auxquels nos ancêtres prenaient tant d'intérêt et qui furent, comme on sait, le commencement de notre théâtre français.

La rue du *Jardin-des-Plantes* a été ouverte en 1866. Elle débouche sur le boulevard Bajon et est bordée, à son extrémité gauche, par le *Jardin des plantes* dont la création est due à l'éminent jurisconsulte Bourbeau, ancien ministre de l'Empire. Nous le visiterons en faisant le tour des boulevards. Il vaut mieux suivre la rue de l'*Hospice*.

A droite, dès en entrant, nous trouvons d'abord l'*Hôtel-Dieu*, qui peut facilement contenir 300 malades, lesquels reçoivent les soins des religieuses dites *Filles de la Sagesse*. A l'époque de la domination romaine il existait, sur l'emplacement de l'Hôtel Dieu, une *villa* considérable. Allons plus loin ; nous arriverons bientôt devant l'*Ecole de médecine*, qui touche le dernier bâtiment de l'Hôtel-Dieu. L'Ecole de médecine dont la porte d'entrée est assez joliment ornementée, a été construite en 1857-1858. On l'a augmentée de constructions nombreuses de la plus grande utilité.

Nous avons dit que l'Université de Poitiers, qui date de 1431, comptait quatre Facultés dont la réputation était incontestée ; cependant il faut reconnaître que la Faculté de médecine était de beaucoup au-dessous de ses sœurs. Les ressources lui manquaient et, par conséquent, elle était moins suivie.

Supprimée après la Révolution, la Faculté de médecine de Poitiers revit, dans une école instituée le 19 octobre 1806, par Napoléon Ier ; le décret impérial est daté de Mersbourg dans la Saxe prussienne, pendant cette fameuse campagne à la suite de laquelle l'Empereur tint la Prusse dans sa main puissante et qu'il ne voulut pas écraser tout à fait. Depuis la réorganisation de 1840, cette institution porte le nom d'Ecole.

On sait que le costume de la Faculté de médecine se compose, aujourd'hui, d'une robe noire avec revers en soie amarante. Autrefois il se composait également d'une robe noire, mais aussi d'un manteau doublé en soie bleu clair bordé d'hermine. Le bedeau portait une masse fort belle, en argent ciselé en ronde bosse, et ornée d'émaux et de dorures.

EGLISE SAINT-GERMAIN

LA RUE DES BUISSONS. — LES RUES SAINT-GERMAIN, DE LA POIRE-CUITE, DE CHAMPAGNE, DE ROCHEREUIL, DE L'HÔPITAL, DE L'HÔPITAL-GÉNÉRAL.

En suivant la rue de l'*Hospice*, on arrive, après avoir laissé à main gauche, la rue *Sous-Saint-Cybard*, à la rue des *Buissons* qui n'est en quelque sorte que le prolongement de la première. Presque à l'extrémité, à droite, après avoir passé devant un bâtiment neuf qui sert d'école communale et où se réunissent ordinairement, les membres de la *Société de secours mutuels,* on aperçoit un clocher carré ; c'est tout ce qui reste de l'ancienne église Saint-Germain, qui fut réunie à l'abbaye de Montierneuf en même temps que l'abbaye de Saint-Paul, dont elle dépendait, le 10 juillet 1083, par l'évêque de Poitiers.

En continuant toujours à descendre la rue des *Buissons*, on arrive au boulevard du *Grand-Cerf*, en passant par les rues *Saint-Germain*, de la *Poire-Cuite* et de *Champagne*, qui ne présentent rien qui vaille la peine d'être mentionné. Au lieu de suivre ce chemin, il vaut mieux tourner à droite, prendre la rue de la *Bretonnerie*, laquelle doit, sans doute, son nom à l'enseigne du duc de Bretagne, qui était appendue à une de ses maisons, et on arrive sur le *Plan-Montierneuf*, sorte de carrefour où viennent aboutir les rues du *Mouton*, de l'*Hôpital*, des *Curés* et l'Avenue au fond de laquelle se trouve l'ancienne et curieuse église abbatiale de Montierneuf.

Avant de pénétrer dans l'église, disons quelques mots des rues dont nous venons d'écrire les noms.

Rue du *Mouton*, rien à voir ; mais, au bout, se trouve le pont de *Rochereuil*, qui existait déjà au xve siècle et qui joua un rôle très important pendant le siège de Poitiers par Coligny, en 1569 ; nous en reparlerons plus loin.

Rue *Saint-Germain* : Cette rue débouche sur un petit *Plan* où vient s'amorcer la rue des *Curés* On y a découvert il y a quelques années, des *Thermes* romains.

Cette précieuse découverte est due aux recherches de l'infatigable Père de la Croix, qui a pu reconstituer, en entier, cet ancien vestige. Les Thermes longeaient une des voies romaines principales, qui passaient par le gué de Rochereuil.

Le gué de Rochereuil couvrait une superficie de deux hectares trente-deux ares, vingt-deux centiares, délimitée par les rues des *Curés*, de la *Bretonnerie* et de *Saint-Germain*. Ce gué couvrait également les terrains compris entre le bas des maisons de la place du *Pilori* et la rue *Saint-Germain*, ainsi que cinquante ou soixante mètres carrés dans les jardins de la caserne touchant à la rue de la *Bretonnerie*.

L'église Saint-Germain, une des plus anciennes paroisses de Poitiers, a sa façade Ouest construite sur un des murs des Thermes et sert aujourd'hui de chais à un négociant en vins, de Poitiers.

Quant à la voie romaine, dont nous parlions tout à l'heure, elle bordait dans toute sa longueur, la rue des *Curés* qui commence au plan *Saint-Germain*.

Rue de l'*Hôpital-Général* : Avant d'entrer dans cette rue, on aperçoit un grand bâtiment sur le mur duquel se trouve une niche avec une statue de saint et une inscription placée immédiatement au-dessous et à moitié effacée, mais pas assez, néanmoins, pour qu'on n'y puisse distinguer ces mots : *Hôpital des Religieuses de la Charité*. Depuis la Révolution, l'établissement des Hospitaliers a été réuni à l'Hôpital-Général qui, malgré l'étendue de ses bâtiments, n'offre rien de remarquable. Il est desservi par les sœurs de la Sagesse et peut renfermer 600 lits.

Dans l'origine, l'Hôpital-Général, n'était qu'un dépôt de mendicité. Vingt-trois ans plus tard en 1580, les bâtiments que l'on voit aujourd'hui et qui se trouvent confondus avec ceux des Hospitaliers, furent achevés et livrés à des séculières qui y soignèrent les pauvres ainsi que les femmes aliénées.

C'est là que Marie-Louise Trichet, sous la direction du père Montfort, aumônier de l'établissement en 1701, fonda la congrégation des Filles de la Sagesse dont la maison mère, à Saint-Laurent-sur-Sèvres (Vendée), renferma jusqu'à 1,600 religieuses. On conserve, à l'Hôpital-Général, la chambre du père Montfort et celle de Marie-Louise Trichet, ainsi que la Croix et la statue de la Vierge qui présidèrent aux premières réunions des Filles de la Sagesse.

Poursuivons notre route. Bientôt nous arriverons devant la longue allée qui conduit à l'église de Montierneuf.

PLACE MONTIERNEUF

Au XIᵉ siècle, vers l'année 1076, existait un duc d'Aquitaine nommé Guillaume Guy-Geoffroy qui, voulant racheter ses fautes avant de mourir, résolut de laisser après lui un monument digne de sa foi et de sa piété. C'est dans ce but que l'abbaye de Montierneuf fut fondée et donnée à des moines de l'abbaye de Cluny, qui vinrent s'y installer au nombre de dix-huit et un abbé. Le duc Guillaume se rendait souvent au *Moustier neuf* (monastère neuf), d'où on a fait par corruption *Montierneuf*.

L'abbaye de Montierneuf devint bientôt riche et puissante; les successeurs du duc d'Aquitaine rivalisèrent pour ainsi dire, pour accroître, par des donations incessantes, ses richesses auxquelles vinrent s'ajouter celles qu'elle dùt à la munificence des rois d'Angleterre, devenus ducs d'Aquitaine

Cet état de choses dura jusqu'au xve siècle, époque à laquelle les guerres de religion vinrent porter un coup funeste aux monastères et aux églises, dont les ruines ne tardèrent pas à joncher le sol de la France. La fondation de Guillaume-Guy-Geoffroy déclina donc rapidement, et cette abbaye qui, dans les sept cents années de son existence, compta au nombre de ses abbés les premiers noms de la noblesse française, tels que les La Rochefoucauld, les Coucy, les Lusignan et les Cossé, était réduite à un très petit nombre de religieux lorsque la Révolution éclata. C'est à cette époque qu'une partie des bâtiments monastiques fut affectée au casernement de la cavalerie, et que l'église que nous allons visiter tout à l'heure, servit de magasin à fourrage et d'écurie. Quant aux tours, qui protégeaient la vieille abbaye, il n'en reste plus trace, ainsi que de la portion des bâtiments qui ne fut pas affectée au quartier de cavalerie.

Lors de la fondation de l'Université de Poitiers

en 1431, sous le règne de Charles VII, les abbés de Montierneuf furent nommés conservateurs apostoliques des privilèges de cette Université, fonctions qu'ils gardèrent jusqu'à la fin.

L'église de Montierneuf, dédiée à la sainte Vierge et aux apôtres Jean et André, est située au bout d'une allée plantée d'arbres, dans laquelle on a placé çà et là des chapiteaux sculptés du XIe siècle, dont plusieurs sont fort curieux et qui proviennent de l'église.

Quoiqu'on y remarque des parties qui appartiennent au XIIIe et peut-être au commencement du XIVe siècle, l'église de Montierneuf peut passer pour être un des beaux morceaux d'architecture du XIe siècle. Il faut surtout admirer la largeur de ses trois nefs, largeur peu commune dans les églises de cette époque, et la partie supérieure de l'abside connue sous le nom de *lanterne*, dont les grandes fenêtres en ogive primordiale inondent le chœur de lumière, tandis que les petites fenêtres en plein-cintre, des bas-côtés, ne laissent pénétrer dans la nef et les transept qu'un demi-jour qui inspire le recueillement et la prière.

Si nous nous en rapportons à un fait qui s'est

passé le 18 août 1367, le chœur a très vraisemblablement, été reconstruit au xiv® siècle, la foudre étant tombée sur une partie de l'édifice et y ayant causé de grands ravages.

Quant à la nef qui, elle, date du xi° siècle, elle a été notablement raccourcie. Elle comprenait trois travées de plus qui s'étendaient sur la place actuelle et qui furent démolies en 1640 avec la façade, à la suite des ravages que les protestants y avaient faits. C'est assurément de cette démolition que proviennent les chapiteaux qui se trouvent dans l'avenue et dont nous avons parlé plus haut. On remarque également, çà et là, dans le portail de 1640, des fragments de sculptures romanes, qui prouvent que les matériaux de la démolition ont été employés dans la construction nouvelle.

Le dôme, qui domine le grand autel, était jadis surmonté d'un clocher flanqué de quatre clochetons, lequel s'écroula après la Révolution. Il ne reste aujourd'hui que deux des clochetons.

Rendue au culte pendant la Restauration, en 1817, l'église Montierneuf fut restaurée à cette époque dans le mauvais goût du jour, c'est-à-dire que les chapiteaux uniformes remplacèrent ceux de la vieille basilique romane, que les gracieuses sculptures du moyen-âge se virent délaissées et cédèrent la place aux détails froids et secs de l'architecture grecque et même à de vilaines peintures à fresque qui ont la prétention d'imiter des sculptures. A droite, en descendant dans le temple, on remarque un tombeau recouvert d'une dalle tumulaire sculptée en relief ; c'est la sépulture du fondateur de l'abbaye, Guillaume, Guy-Geoffroy, duc d'Aquitaine.

Ce fut en 1822 que la tombe de Guillaume fut découverte ; elle était située au milieu de la grande nef. Le corps de l'illustre défunt reposait dans un sarcophage en pierre de deux mètres de long. Le duc avait été enseveli avec son costume seigneurial, recouvert de l'habit monacal, ainsi que le prouvèrent les restes des vêtements que le temps avait respectés, ses brodequins et la croix ancrée placée sur sa poitrine.

On le transporta là où il est à présent, et un artiste poitevin fut chargé de lui sculpter le tombeau qui le recouvre aujourd'hui.

Le Calvaire rustique, qui s'élève dans le fond du transept de droite, a été construit en 1845. Il est fort original.

La chapelle de Sainte-Barbe est également digne d'attention, avec ses nombreux *ex-voto*.

L'église Montierneuf renferme quelques bons tableaux, entre autres celui des Saintes Femmes au Tombeau, de l'école des Carrache, un plus petit représentant, dans un fond de paysage, la Sainte Vierge, l'Enfant Jésus et saint Jean, qu'on pourrait attribuer à Boucher. Une autre toile de Hendryck, en assez mauvais état, représente saint François de Regis prêchant et prêt d'accomplir un miracle, en ressuscitant un moribond que des hommes apportent devant lui.

En entrant dans l'avenue qui conduit à l'église Montierneuf, on voit, à main gauche, une chapelle dédiée à *sainte Catherine* et qui est fort ancienne. Elle a été réparée tout récemment par les soins du curé de Montierneuf et sert de lieu de réunion aux habitants du quartier, qui viennent y entendre des lectures pieuses et qui trouvent dans une bibliothèque populaire qui fait partie de la chapelle, de bons et excellents livres.

L'emplacement de l'ancienne abbaye, occupé aujourd'hui par la caserne dite de Montierneuf, était pendant les premiers siècles de notre ère, couvert par une magnifique *villa* romaine.

Il nous faut maintenant reprendre le même chemin, c'est-à-dire passer de nouveau devant l'*Hôpital-Général*, jusqu'à la rue des *Trois-Pâtureaux* qui nous conduira dans la rue de la *Latte*, au bout de laquelle nous trouverons la rue des *Carmélites*. Dans cette dernière rue, nous rencontrerons à gauche, la rue du *Moulin-à-Vent*, une des rues les plus en pente de Poitiers, la rue *Boncenne*, qui conduit comme nous l'avons dit, au Palais de Justice et la rue de l'*Industrie* A droite, avant d'arriver à la rue *Boncenne*, se trouve le Grand-Séminaire, dont nous allons parler en détail.

LE GRAND-SÉMINAIRE

La rue de l'industrie. — Le gesu. — La caserne de gendarmerie. — La rue de la mairie.

Le Grand-Séminaire était, avant la Révolution, le couvent des Carmélites qui vinrent y habiter en 1629 et qui, à l'aide des libéralités de la reine, qui les aimait beaucoup, construisirent leur monastère auquel elles donnèrent des proportions grandioses La chapelle est surtout fort remarquable ; c'est un architecte italien, nommé Leduc, mais plus connu sous le nom de Toscane, qui en fournit le plan. Louis XIV en posa la première pierre le 5 juillet 1660, ainsi que le constate une longue inscription que Mgr Cousseau, ancien supérieur du Séminaire, évêque d'Angoulême, y fit placer en 1824.

Cette chapelle est un charmant monument qui a été consacré par l'évêque de Poitiers, Antoine Girard. Il est dédié à la Sainte Vierge. Saccagée pendant la Révolution, elle fut alors divisée en plusieurs étages et servit de dortoirs et de salles diverses, au dépôt de mendicité du département de la Vienne, qui avait été établi dans le couvent. Son architecture est d'une grande simplicité, mais aussi d'une grande finesse de détails

Une des curiosités du Grand-Séminaire est sa magnifique bibliothèque, qui renferme plus de dix mille volumes et, entre autres, deux manuscrits dont l'un fut écrit en 1484, par l'abbesse du monastère de la Trinité, à Poitiers, Anne de Prie. C'est un bréviaire orné de fort belles miniatures à presque toutes les pages et de nombreux encadrements. L'autre, dont on ignore l'origine, est un missel poitevin, orné également, de précieuses miniatures.

Une autre curiosité de la bibliothèque du Grand-Séminaire, mais d'un autre genre, est un grand dragon ailé, en bois sculpté et peint, connu sous le nom de la *Grand'Gueule* et auquel se rattache une légende effrayante. C'était, suivant la tradition

populaire, un horrible animal caché dans les sou
terrains de l'abbaye de Sainte-Croix et que, pen
dant de longues années, personne n'avait p
détruire. Le monstre avait même dévoré plusieur
religieuses. Suivant les uns, un criminel, con
damné à mort, s'étant dévoué, avait réussi à tue
l'affreuse bête, ce qui lui avait valu sa grâce. Sui
vant d'autres, sainte Radegonde l'aurait fait fui
à son approche et comme il s'élevait dans les airs
la sainte, ayant adressé une prière fervente
Dieu, l'animal serait tombé foudroyé. Enfin le
savants, qui ne sont pas toujours d'accord sur le
choses qu'ils ne peuvent expliquer par des fait
réels, veulent voir dans la Grand'Gueule, u
symbole de l'hérésie terrassée par la Croix, ou u
souvenir du serpent d'airain de Moïse.

A notre humble avis, la Grand'Gueule n'avai
d'autre signification que de rappeler une bête
sauvage, qui ravageait la contrée il y a des siècles
et dont le peuple, si porté vers le merveilleux
exagéra l'importance. Tels sont : le dragon ailé
de Metz, la *Gargouille* de Rouen, la Tarasque de
Tarascon etc, dont l'image figurait dans toutes
les processions et auxquels le peuple, comme à
Poitiers, jetait des fruits et des pâtisseries qui

s'engloutissaient dans leur gueule toujours béante.

La *Grand'Gueule* ou *Grand'Goule,* comme on disait dans le peuple, qui est au séminaire de Poitiers, porte sous son cou cette inscription : *Gargot fecit, 1677.*

La rue de l'*Industrie* renferme la chapelle et les bâtiments du Gesù. La chapelle, a été construite en 1851 et consacrée, sous le vocable du nom de Jésus et de Notre-Dame de Bon-Secours, par Mgr Pie, évêque de Poitiers, le 20 juin 1854 C'est un monument à l'aspect sévère, dont l'architecture est calquée sur le style du XIIIe siècle. Il est surmonté d'une flèche élégante, qu'on aperçoit de tous les environs de Poitiers.

Le territoire de cette propriété, la rue de l'*Industrie* elle-même, une partie des terrains compris entre cette rue et la rue *Boncenne,* le Gesù également, ont fourni aux archéologues, des documents d'une très grande importance pour l'histoire des premiers siècles de notre ère.

Ces documents porteraient à croire qu'une ha-

bitation romaine, des plus luxueuses et des plu[s]
importantes, s'élevait là, jadis, aux temps o[ù]
florissait l'antique *Limonum*.

En face de la rue de l'*Industrie*, dans la rue de[s]
Carmélites, on voit la caserne de gendarmeri[e.]
C'est là qu'étaient logées, avant la Révolutio[n,]
les religieuses des *Filles-de-Notre-Dame*, que nou[s]
avons vues établies aujourd'hui, dans la rue de l[a]
Trinité. Comme il n'y a là, rien de remarquable [à]
visiter, mieux vaut continuer de monter la ru[e]
de l'*Industrie*, qui nous conduira à la rue de l[a]
Mairie, dans laquelle se voyait, avant 1851, à l[a]
place occupée aujourd'hui par la rue de l'*Indus-*
trie, l'*hôtel de l'Intendance*, un fort joli spécime[n]
de l'architecture du xvııe siècle, qu'on a eu le tor[t]
de démolir, et dont il ne reste guère que le sou[-]
venir.

Tournons à droite. Nous trouvons d'abord le[s]
magasins de librairie de notre éditeur, M. Drui[-]
naud, magasins on ne peut plus complets, et, u[n]
peu plus loin, la rue Neuve.

LA RUE NEUVE

LE MIRACLE DE L'ENFANT NOYÉ

Cette rue fut ouverte en 1611 et reçut d'abord le nom de rue du *Minage*, parce que, sans doute, le Minage y fut transféré de la rue de la Regratterie où il était auparavant, pour être placé ensuite dans la rue des Halles où il est encore. Dans le mur d'une maison de cette rue, presque à l'entrée, se trouve encastré, un petit monument composé d'un bas relief et d'une pyramide.

C'est un *ex-voto* élevé en mémoire d'un miracle opéré par saint Hilaire-le-Grand, docteur de l'Eglise et évêque de Poitiers, à son retour de Phrygie et qui ressuscita un enfant à la mamelle, que sa mère avait laissé seul, dans une baignoire

et qui s'était noyé. Voici du reste, comment Jean
Bouchet, l'auteur des *Annales d'Aquitaine*, raconte
cette légende qui mérite d'être consignée ici.

« Le lendemain, ou deux jours après, saint
« Hilaire alla visiter les églises de la cité et, en
« allant par les rues, étoit suivy de tant de peu-
« ples, qu'à peine on le pouvoit voir, car il n'al-
« loit sur mulle ne cheval. Et une femme, qui
« alors demeuroit en une maison, à présent as-
« sise devant les Grandes-Ecoles et maison com-
« mune des seigneurs de la ville, sachant qu'il
« passoit devant sa ditte maison, ainsi qu'elle
« baignoit un petit enfont de laict, le laissa en la
« boignouëre, par l'ardent désir qu'elle avoit de
« voir saint Hilaire. Et au retour qui fut incon-
« tinent, trouva son enfant noyé et mort Quoy
« voyant, s'escria à haute voix en disant : ha !
« mon Dieu, faut-il que je perde mon enfant,
« après avoir faict un bien ! Et en une rage de
« deuil print son fils mort entre ses bras, couvert
« d'un petit linge, et le porte auprès saint Hilaire,
« auquel ainsi qu'il arrivoit à son logis déclara le
« cas et accident, le priant en grande foy et espé-
« rance qu'il priast Dieu que son enfant receust
« vie. Saint Hilaire voyant la douleur de la pau-

« vre mère, qui n'avoit que cet enfant et sa très
« grande foy et aussi que l'enfant estoit mort
« pour la trop grande affection que la mère avoit
« eue de le voir, se mit en oraison, où il fut assez
« longuement, en pleurs et larmes, prosterné con-
« tre terre. Et lui qui étoit d'ancien aage ne se
« leva jamais que Dieu n'eust, à sa prière, l'en-
« fant ressuscité. Lequel il bailla à sa mère tout
« vif et prenant le laict de la mamelle devant tout
« le peuple, dont chacun, par esbahissement, ren-
« dit grâce à Dieu et à saint Hilaire. »

Il est certain que le bas-relief est beaucoup plus ancien que la pyramide et qu'il dut faire partie d'un monument plus complet. Il représentait la scène du miracle et, aujourd'hui, malgré les mutilations qu'il a subies, on distingue encore un évêque, bénissant un enfant, et un baquet Il était autrefois protégé par un grillage. Comme on vient de le voir, l'historien Bouchet n'a pas négligé de noter, avec un soin tout particulier, tous les détails de cet évènement miraculeux. De son temps, on y attachait donc un intérêt pour ainsi dire aussi vif que du temps de saint Hilaire lui-même. Ce qu'il y a de certain, c'est que le bas-relief qui, paraît-il, avait été trouvé dans la mai-

son où s'était accompli le miracle en question
avait été encastré, en 1615, dans une pyramid
élevée à cet effet, à l'endroit où, depuis, on a ou
vert la rue *Neuve-de-la-Mairie*. L'une des faces
de cette pyramide fut alors engagée dans le mu
de la maison qui fait le coin des deux rues, e
dans laquelle habite aujourd'hui, un des prin
cipaux marchands de chaussures de Poitiers. I
fut, depuis, placé là où on le voit actuellement
grâce à la sollicitude du Père de la Croix auquel
il appartient.

Cet éminent archéologue, par des recherches
patientes, a retrouvé les modifications que cet
ex-voto a subies de siècle en siècle, depuis le vi^e
jusqu'à nos jours.

LES GRANDES-ÉCOLES

En face de la rue *Neuve*, dans la rue de la *Mairie*, s'élève une grande et belle maison percée d'un passage qui conduit à la rue des *Grandes-Écoles*. C'est là que se trouvaient, autrefois, la Mairie et, primitivement, la commune de Poitiers, puis, longtemps après, l'*Université* et ce qu'on appelait jadis la *Librairie*, c'est-à-dire la Bibliothèque. La commune de Poitiers avait été instituée par la comtesse Aliénor d'Aquitaine, par une charte de 1199 qui fut confirmée par Philippe-Auguste en 1204, 1214 et 1222.

L'Université fut établie par le pape Eugène IV, le 29 mai 1431 et par Charles VII le 16 mars suivant. Elle se composait des quatre Facultés : de théologie, de droit civil et canonique, de médecine et d'arts. Sous Louis XII, on comptait plus de 4,000 étudiants à Poitiers, venus de tous les points de l'Europe civilisée. C'est au couvent des Jacobins et au collège de Sainte-Marthe, que se faisaient les cours de théologie ; les actes pour les grades avaient lieu dans l'église Sainte-Opportune. Quant aux cours de Droit, ils se faisaient dans une *grande salle* qui est occupée aujourd'hui par le musée archéologique de la Société des Antiquaires de l'Ouest.

La chapelle ou aumônerie de l'Echevinage, qui appartient aux Antiquaires de l'Ouest, lui sert de musée lapidaire et la salle qui se trouve au-dessus de ses voûtes, est occupée par la Bibliothèque de la Société. Cette chapelle fut construite en 1460. On parvient aux étages supérieurs par un fort bel escalier à vis, dont on a recouvert les marches en pierre, par d'autres en bois

Le Chancelier de l'Université était le Trésorier du chapitre de Saint-Hilaire et l'abbé de Montierneuf était Conservateur des privilèges apostoliques. Ce qu'il y a de singulier, c'est que la cloche de l'Université, qui annonçait les thèses et les études, était placée dans le clocher de l'église

Saint-Porchaire, où elle est encore C'est la plus grosse et par conséquent celle que l'on sonne le plus rarement, c'est-à-dire à l'occasion des grandes solennités de l'Eglise

L'église Sainte-Opportune, dont on peut voir encore les restes au fond d'une cour de la rue des *Gaillards*, existait déjà au XIIIe siècle. Ce fut au XIVe siècle, lorsque les abbés de Montierneuf devinrent Conservateurs des privilèges aposliques de l'Université, que l'un de ces religieux, qui était doyen de la Faculté de théologie, fit rendre une décision par laquelle l'église Sainte-Opportune, dont il était le patron, serait dorénavant consacrée aux études de la théologie

Quant au monastère des Jacobins, qui fut pour ainsi dire le vrai berceau de l'Université de Poitiers, il n'en reste plus que le souvenir.

Le dernier fragment qui en existait encore et qui consistait en un pilastre de style Louis XIV, a été récemment détruit et figure dans les collections de la Société des Antiquaires

Les Jacobins, plus connus sous le nom de Dominicains, étant venus s'établir à Poitiers vers

1220, sous l'épiscopat de Guillaume IV, qui fut un de leurs premiers bienfaiteurs, l'église et les bâtiments des Jacobins éprouvèrent bien des vicissitudes. Pillés, saccagés, à moitié démolis pendant les guerres calvinistes, ils furent reconstruits ou réparés en 1714, pour disparaître totalement après la Révolution.

Les historiens du temps nous apprennent, entre autres choses, que l'église était fort belle et qu'elle renfermait les sépultures d'un grand nombre de chevaliers et écuyers tués à la bataille de Maupertuis, en 1356. On y remarquait les tombes du maréchal de Clermont, du duc de Bourbon, du comte de La Rochefoucauld, etc. On y voyait les pierres tumulaires de Valence de Lusignan et de son fils, Hugues du Puy-du-Fou, sénéchal de Poitou, sous Philippe-Auguste, et celle de Guy de Lusignan, comte de la Marche, qui vint mourir à Poitiers. On peut encore voir l'autel et le rétable de l'église des Jacobins, dans la chapelle de paroisse de la cathédrale Saint-Pierre. Quant aux stalles qui rayonnaient tout autour du chœur, et qui étaient jadis occupées par les membres de l'Université de Poitiers, pendant les cérémonies religieuses, elles ont complètement disparu.

Les cours de l'Université de Poitiers étaient faits par des religieux de Saint-Dominique et duraient généralement cinq années, pendant lesquelles les étudiants devaient subir de nombreux examens, soutenir des thèses, *mineure* et *majeure*, *opportunique* et *aulique*, avant d'être reçus docteurs. Les épreuves des thèses donnaient lieu à de fort belles cérémonies auxquelles toute l'Université assistait en grand costume, avec son bedeau tenant une masse d'argent massif, sur laquelle était représenté un clocher gothique.

Il ne faut pas quitter les *Grandes-Ecoles,* sans aller faire une visite au Musée des Antiquaires de l'Ouest, le plus précieux de Poitiers. La Société des Antiquaires de l'Ouest fut fondée en 1834. Elle a été reconnue par l'Etat comme société archéologique d'utilité publique, en 1875. La Société possède, nous ne dirons pas un musée, mais des musées qui ne renferment, à peu de choses près, que des objets de provenance poitevine. Les collections sont nombreuses et ont été classées par siècle, afin d'en faciliter l'étude aux savants qui les visitent. Il y a là une collection complète et très remarquable d'armes et d'ustensiles de l'Age de pierre éclatée, de l'Age de la pierre polie et de l'Age de bronze. Puis des objets, extrêmement rares et curieux, trouvés dans les sépultures gallo-romaines de cimetières païens, qui se trouvaient sur les hauteurs des Dunes ainsi qu'à Blossac. On y voit aussi un panneau contenant les objets trouvés dans une citerne du Xe siècle, à l'endroit où existe l'ancienne église Saint-Savin, de Poitiers.

Cette citerne fut comblée avec les détritus de l'habitation du comte Eutitius, gouverneur civil et militaire de la seconde Aquitaine, dont Poitiers était la capitale.

Il existe également un autre panneau qui renferme tout ce qui a été trouvé dans les fouilles opérées sur les hauteurs de la Roche, situées au-dessus du dépôt des locomotives de la gare et où existaient, à l'époque gallo-romaine, un temple et un puits dédiés à Mercure.

Tous ces objets sont d'un très haut intérêt. Le plus grand nombre fait partie des collections du R. P. de la Croix, de la Société de Jésus, qui les a donnés au Musée des Antiquaires de l'Ouest, lors de l'expulsion de sa congrégation en 1880. Les moulages complets des sculptures et des inscriptions de l'*Hypogée Martyrium,* dont il sera question plus loin, se trouvent également dans ces dernières collections.

Le Musée de la Société des Antiquaires possède en outre, une série des plus rares, des plus curieuses et des plus importantes, de 348 signatures de potiers gallo-romains ; une fort belle collection de sceaux du Xe au XVIIe siècle ; un superbe médailler renfermant plus de 6,000 monnaies gauloises, romaines, mérovingiennes, baronnales etc ; quelques meubles de l'époque de Henri II et de Henri III ; des objets de la Renaissance et une foule d'autres qu'il serait trop long d'énumérer ici.

Le Musée lapidaire est installé au rez-de-chaussée, dans l'ancienne chapelle des Grandes-Ecoles. Le Musée renfermant tous les autres objets dont il vient d'être parlé, occupe une grande salle au premier étage. Au-dessus se trouve la Bibliothèque de la Société des Antiquaires de l'Ouest, qui compte une quantité de livres des plus intéressants sur l'histoire locale et l'archéologie.

En sortant des Grandes-Ecoles, il nous fau[t] rentrer de nouveau dans la rue de la *Mairie* qu[e] nous suivrons à gauche. Quelques pas plus loi[n] nous arrivons à l'église *Saint-Porchaire*.

SAINT-PORCHAIRE

C'était autrefois une paroisse considérable à laquelle était attachée une école gratuite. L'église primitive fut fondée par saint Porchaire, alors abbé de Saint-Hilaire-le-Grand, au vi⁰ siècle, quand il créa le monastère de Saint-Porchaire qui devint plus tard un prieuré. Les reliques du Saint furent découvertes en 1676, dans la crypte d'une chapelle qui se trouvait à la place où l'on voit aujourd'hui un magasin.

L'église, à l'intérieur composé de deux nefs séparées par des colonnes sans chapiteaux, date du xvi⁰ siècle. C'est en somme une assez vilaine construction qu'on verrait disparaître sans regrets et qui était, autrefois, décorée de peintures et de monuments funéraires aujourd'hui disparus.

Le clocher, qui appartient à l'ère romane, est une grosse tour composée d'un portail et de trois arcatures superposées. C'est une construction massive qui porte bien la marque de l'architecture du XIe siècle, époque à laquelle elle a été élevée avec ses moulures en damier, ses ouvertures en plein cintre et sa corniche, qui repose sur des modillons représentant des figures d'animaux fantastiques et bizarres. Le portail, ou entrée de l'église, est flanqué, de chaque côté, de colonnes massives et comme écrasées, qui soutiennent des archivoltes en plein cintre, naturellement, mais les chapiteaux ornés de sculptures assez grossières méritent une mention particulière.

A droite, on voit un homme debout, les bras en croix et vêtu d'une espèce de grande robe. Cette figure est sculptée dans un médaillon ovale que semblent soutenir deux lions, la gueule ouverte, placés de chaque côté. Sur le pourtour du médaillon on lit cette inscription gravée en creux :

Hîc DANIEL DOMINO FECIT CŒTUM LEONINUM

ce qui indiquerait que le sculpteur a voulu représenter Daniel dans la fosse aux lions. A côté du médaillon, on voit un autre homme, le prophète Habacuc sans doute, élevé dans les airs et qui apporte à Daniel la nourriture qu'il avait préparée pour ses moissonneurs ; un oiseau plane au-dessus du prophète.

Comme l'artiste trouvait sans doute qu'il n'y avait pas assez de lions, et la place lui manquant, il en sculpta deux autres sur un chapiteau de gauche en ayant soin d'y ajouter ce mot gravé en creux : Leones, et cela sans doute afin que le vulgaire ne s'y puisse tromper. Enfin, sur un autre chapiteau, à gauche également, on voit deux oiseaux buvant dans un calice.

Au-dessus du portail, se trouve un bas-relief tellement effacé, qu'il serait impossible de distinguer ce qu'il a dû représenter. Cependant quelques antiquaires croient y reconnaître un autre épisode de la vie de ce même Daniel : le roi d'Israël venant pleurer le prophète, dont les accusateurs se trouvent sur l'arrière-plan, tandis que, sur la gauche, on aperçoit Daniel au milieu des lions et l'oiseau planant au-dessus de sa tête. D'autres antiquaires croient, de leur côté, que les lions sculptés sur les chapiteaux du portail figurent le mode de juridiction, si en usage au moyen-âge, et qui consistait dans le droit, pour certaines églises, de rendre la justice. On appelait cette forme judiciaire la juridiction *inter leones*, parce que le juge s'asseyait sur un siège placé entre deux figures de lions. Nous avons du reste, parlé plus amplement de ce souvenir historique, en visitant l'église Sainte-Radegonde.

La tour de Saint-Porchaire a été classée parmi les monuments historiques, ce qui est fort heureux, sans quoi il y a déjà longtemps que, placée comme elle est, en avant sur la voie publique, il n'en resterait pas une pierre. La toiture qui la surmonte a remplacé l'élégant campanile de l'église des Augustins, qui y avait été placé lorsque l'église fut rendue au culte.

L'église Saint-Porchaire renferme quelques beaux tableaux : entre autres, une *Descente de Croix* signée de *Jean Boucher* et datée de 1618. Elle contenait jadis des tombes assez curieuses, au nombre desquelles se trouvaient celles de la famille Blacwod, d'origine écossaise, et dont un des membres, Adam de Blacwod, conseiller au présidial de Poitiers, fut un des plus vaillants défenseurs.

Saint-Porchaire possède encore quelque chose de bien précieux, c'est un sarcophage qui renferme les restes de son saint patron, et qui est placé dans un de ses caveaux. Ces restes avaient été découverts en 1676 dans une petite chapelle, dite du Saint-Sauveur, qui s'élevait presque en face de l'église, à la place même où on a construit, en 1856, une maison qui forme l'encoignure de la rue *Saint-Porchaire* et de la petite rue de ce nom.

LE TOUR DES BOULEVARDS

LES FORTIFICATIONS

Nous voici arrivés au point même d'où nous sommes partis, sur la place d'Armes. Il nous reste encore à faire le tour des Boulevards, promenade un peu longue peut-être, mais qui nous réserve bien des surprises. Nous descendrons, s'il vous plaît, la rue des *Basses-Treilles*, qui fait suite, à droite, à la rue *Place d'Armes*, et que nous suivrons jusqu'à la rue *Boncenne*, en face de laquelle s'ouvre une voie nouvelle, le boulevard *Solférino*, qui nous conduira sur le boulevard du *Pont-Achard* où se trouve l'embarcadère du chemin de fer. Suivons ce boulevard à gauche ; nous arrivons à une large voie qui traverse le chemin

de fer de Bordeaux sur un beau pont en fer. Là
nous apercevons à notre droite quelques-unes des
tours qui formaient l'ancienne enceinte de Poitiers.

A l'enceinte romaine avait succédé un nouveau
cordon de murailles défendues par des tours. Ce
fut la comtesse Aliénor d'Aquitaine qui le fit
construire. Plus tard, Jean, duc de Berri, fit faire
une troisième enceinte qui est encore très apparente. Elle partait de la porte de la *Tranchée,* se
dirigeait à l'est sur le coteau où est aujourd'hui
le parc de *Blossac,* descendait le long du boulevard
de *Tison* sur lequel se trouvait une fausse porte,
se soudait à la porte *Saint-Cyprien* et, suivant le
boulevard actuel de ce nom, allait se raccorder à
la porte de *Rochereuil* et du *Château,* englobant le
pré l'Abbesse et côtoyant ainsi, la rive droite du
Clain qui lui servait de fossé.

A l'ouest de la porte de la *Tranchée,* l'enceinte
fortifiée, dont il reste encore des parties assez
considérables, descendait jusqu'au Pont-Achard,
puis, bordant les marais de Saint-Hilaire, allait
rejoindre l'autre cordon, à la porte *Saint-Lazare*
et au *Château.* Il reste encore, çà et là, quelques

tours isolées qui, se dressant au milieu de la verdure, font un effet des plus pittoresques.

On entrait à Poitiers par six portes : 1° La *porte Saint-Lazare* (aujourd'hui *porte de Paris*) ; 2° La *porte de la Tranchée* ; 3° La *porte Saint-Cyprien* ; 4° La *porte du Pont-Joubert* ; 5° La *porte de Rochereuil* ; 6° La *porte du Pont-Achard*. Il en existait une septième, mais celle-ci, comme celle de *Pont-Achard*, du reste, n'était que secondaire et ne donnait accès qu'à un moulin voisin et à quelques pièces de terre situées sur le bord du Clain.

Les principales portes étaient pourvues d'une cloche servant à éveiller le guet et qu'on nommait *Eschille*. En 1528 on y plaça des écussons représentant les armes du roi et celles de la ville.

Les tours des remparts avaient chacune un nom particulier. Près de la porte Saint-Lazare étaient la tour de *Philippon-Jacques* et la tour de l'*Auf* ; cette dernière était située entre le château et le portail de Saint Lazare, et paraît être la même qui sert actuellement de poudrière.

En se dirigeant vers la Tranchée, on trouvait la

tour *Sainte-Catherine*, la tour de la *Pucelle* ou de *Tranchepied*, et dans le voisinage de *Pont-Achard*, les tours d'*Aymar de Beaupuy* et de l'*étang Saint-Hilaire* ; puis ensuite, la tour de *Maumusart*, la tour *Barre*, et la tour *Ronde* ; la tour des *Bouchers* était bâtie à l'extrémité de la muraille, sur le bord du Clain. En descendant les remparts on rencontrait, près de *Tison*, la tour au *Maire* et dans le voisinage de la porte *Saint-Cyprien*, la tour *Patrin* la tour de *Jarzaint* et la tour *Blanche*, près de Saint-Simplicien. Derrière l'église Sainte-Radegonde s'élevaient la tour *Arse* et la tour *Cornet* ; plus loin celle de *Bajon* ; puis enfin, celles de la *Benisson* et de *Chassaigne*. Nous ne devons pas oublier non plus, la tour à l'*Oiseau*, dont nous avons parlé en visitant le parc de Blossac, la tour aux *Moines*, la tour *Fourchaut*, la tour de *Migné* et plusieurs autres encore

La Porte de *Paris* s'appelait jadis, ainsi que nous l'avons dit, porte de *Saint-Lazare* ou de *Saint-Ladre*. Elle était placée presque au même endroit où se trouve le pont du chemin de fer, qui est jeté sur le boulevard du *Pont-Guillon*. Il y avait autrefois, auprès de cette porte, une maladrerie ou léproserie qui était, comme toujours, placée sous la protection de Saint-Lazare. De là, le nom de la porte et du faubourg, un des plus anciens de Poitiers, que le comte Alphonse avait donné à l'abbaye de Montierneuf, en 1270.

Il n'y a pas que ces souvenirs sur les boulevards de Poitiers ; les ponts ont, eux aussi, leur histoire qui mérite d'être consignée ici.

Voici d'abord le *Pont Saint-Cyprien*, situé sur le boulevard de ce nom. Il était fermé jadis par une porte dont on voit encore un des piliers. Cette porte avait été démolie à la suite du siège de Poitiers par Coligny, en 1569. Elle fut reconstruite en 1573. Le pilastre qui est encore debout, est comme décoré de petits trous très régulièrement creusés dans la pierre, et que la légende populaire dit avoir été causés par les balles des protestants.

Condamnée par le corps municipal en 1788, la porte *Saint-Cyprien* dut sa conservation au comte d'Artois, prince apanagiste du Poitou et resta debout jusqu'à la Restauration, époque où elle fut définitivement abattue pour laisser plus libre l'accès du pont.

Au bout du *Pont Saint-Cyprien* on trouve, à droite, une magnifique promenade plantée d'arbres séculaires, appelée le *Cours*, qui conduit au Parc d'artillerie dont la création est récente et l'installation remarquable. A gauche s'élève le couvent habité, avant l'exécution des décrets de 1880, par les Dominicains.

Le *Pont-Neuf* est situé en face de la rue de ce nom, laquelle fait suite à la rue d'Orléans. C'est le plus beau de la ville. Il fut construit sous le règne de Louis XVI, en 1778. Un peu plus loin nous le retrouverons.

Après le *Pont-Neuf* on arrive au *Pont-Joubert*, un des plus anciens de Poitiers. Il s'appela d'abord *Saint Angilbert*, en souvenir d'un abbé de Saint-Riquier, de 793 à 814, nom, dont on fit plus tard, par corruption, *Saint-Engoubert* et enfin *Joubert*.

On voit par les anciens titres, qu'il existait déjà au XII siècle et qu'il fut reconstruit une première fois, en 1450, et plus tard encore, quand il fut presque entièrement emporté par la grande inondation de 1561.

Il y avait, autrefois, au milieu du pont, deux tours et une forteresse qui avaient été construites par le comte de Poitou, Guillaume IX et dont les seigneurs poitevins avaient spécialement la garde. Elles furent démolies en 1829, parce qu'elles gênaient la circulation.

On voit encore, sur l'une des piles du pont, une chapelle, seul souvenir encore existant de la piété de nos pères, qui avaient fait élever sur tous les ponts et aux portes de la ville, des chapelles en mémoire de la protection accordée jadis à la cité dans une circonstance mémorable, que nous avons rapportée plus haut, par la sainte Vierge et les patrons de Poitiers, saint Hilaire et sainte Radegonde.

La chapelle du *Pont-Joubert* est fort simple. Sur son fronton on lit ce quatrain qui, autrefois, était reproduit sur toutes les chapelles, sur les ponts, au coin des rues et même sur la façade de quelques maisons :

> Si l'amour de Marie
> Dans ton cœur est gravé,
> En passant ne t'oublie
> De lui dire un *Ave*.

Cette chapelle, au dire de quelques historiens,

aurait été rebâtie par le père Grignon de Montfort, lors de la grande mission qu'il prêcha à Montbernage en 1705.

Au bas du *Pont-Joubert*, sur le bord du Clain, on voit encore une sorte de petit monument gothique qui recouvre une fontaine à laquelle on a, on ne sait trop pourquoi, donné le nom de *Fontaine du Légat*.

Le *Pont-Joubert* conduit au faubourg de *Montbernage*, où se fabrique le fameux fromage, dit *chabichou*, si prisé des gourmets.

Vient ensuite le *Pont de Rochereuil*, qui existait avant le xve siècle et qui fut, lui aussi, emporté pendant les grandes inondations de 1561 et de 1582. C'est un des plus curieux de Poitiers. Il joua à différentes époques, un rôle considérable dans l'histoire de la ville, entre autres pendant le siège de 1569. Voici à quelle occasion.

Les Huguenots, sous le commandement de Coligny, étaient depuis longtemps sous les murs de Poitiers dont ils faisaient en vain le siège. Ils résolurent de tenter un suprême effort pour s'introduire dans la place, mais ce fut en vain. Les assiégés, fatigués des attaques continues des Huguenots, imaginèrent de construire des vannes à l'aide desquelles ils fermèrent hermétiquement les arches étroites du pont On peut même encore voir les coulisses dans lesquelles glissaient ces vannes. Le Clain ne trouvant pas d'issue, se répandit dans les prairies environnantes qui furent inondées, formant ainsi une *petite mer*, comme dit le petit chroniqueur, « sur laquelle le fameux amiral n'avait aucune autorité ». Cette ruse des habitants de Poitiers força les Huguenots à renoncer à prendre la ville et à porter leurs efforts sur un autre point.

On montre encore, sur l'autre rive du Clain, le rocher d'où l'amiral Coligny pouvait suivre les opérations du siège, à l'abri des projectiles des assiégés.

A peu de distance du pont de *Rochereuil* se trouve l'emplacement où se voyait autrefois, un ancien château-fort qui fut reconstruit en 1375, par Jean, duc de Berri, comte de Poitou, et qui défendait, au confluent de la Boivre et du Clain, l'entrée de l'ancienne porte *Saint-Lazare*.

Le château de Poitiers communiquait avec la rive droite du Clain, par un pont fortifié dont il ne reste que les piles. Il se reliait aux fortifications de la ville par une tour, encore debout, et qui sert actuellement, comme nous l'avons dit plus haut, de poudrière. La forteresse fut démantelée en 1589 par le peuple de Poitiers qui tenait pour la Ligue Néanmoins, il en restait en 1747, des débris assez considérables. Depuis elle a été rasée et il n'en subsiste qu'une grosse tour qui s'avance sur le bord du Clain. Son emplacement, sur lequel on a construit les nouveaux abattoirs, avait servi, aux exécutions capitales.

Après le pont de *Rochereuil*, vient le pont *Guillon*, sous lequel passe, non plus le *Clain*, mais la *Boivre*, et qui fut construit seulement en 1747.

Si nous voulons maintenant visiter deux des plus hautes curiosités historiques de Poitiers, il faut aller au *Pont-Neuf*, que nous venons de voir en passant, le traverser et suivre le faubourg populeux qui vient y aboutir, jusqu'à un carrefour où s'élève une croix de Mission. Là, nous tournerons à gauche et au bout de quelques minutes, nous arriverons en face d'un monument druidique, un superbe *dolmen*, auquel on a donné le nom de *Pierre-Levée*.

LA PIERRE-LEVÉE

Le Dolmen de la *Pierre-Levée* est un énorme monolithe de vingt pieds et demi de long, quatorze de large et deux et demi d'épaisseur ; il est élevé de terre de quatre pieds dans la partie qui reste soulevée et qui, probablement, a dû être extraite du rocher qui l'avoisine.

Ce monument druidique est situé sur la hauteur, à gauche de la route de Limoges et sur le bord de l'ancienne voie romaine de Poitiers à Bourges. Sa forme est un ovale très allongé, dont les extrémités sont au *sud-ouest* et au *nord-est*, et dont les longs côtés sont, par conséquent, au *sud-est* et au *nord-ouest*. Son élévation hors de terre est de quatre pieds dans la partie *sud-ouest* qui reste soulevée et que, depuis plusieurs années on a voulu soutenir ou affermir à l'aide d'une sorte de support qui n'a, du reste, aucune adhérence avec la table supérieure.

La pierre, suivant un ancien auteur, a été cassée de 1747 à 1769, au quart de sa longueur au *nord-est*, et cette cassure a ceci de remarquable, que les deux morceaux, en tombant, sont restés l'un auprès de l'autre. Il est évident que cette cassure est due à un accident. Les mutilations et la destruction des monuments datent toutes de la même époque : soit des règnes de Tibère et de Claude, qui voulaient faire disparaître tout ce qui rappelait les institutions druidiques ; soit sous Charlemagne qui, dans ses Capitulaires, ordonna de détruire tout ce qui appartenait à des religions autres que le christianisme. La *Pierre-Levée* de Poitiers, on en a les preuves, a survécu à ces deux époques, puisque successivement, en 1550, en 1699 et en 1747 elle existait entière et horizontalement posée sur ses quatre piliers. Rabelais qui écrivait au milieu du XVIe siècle, en parlait aussi et, en 1747, un des membres de l'Académie des Inscriptions et Belles-Lettres, Beauménil, en a fait un dessin *de visu* qui la représente ainsi.

Elle est la propriété de l'Etat et la Société des Antiquaires de l'Ouest est propriétaire des terrains qui l'entourent.

Il existe une légende sur cette pierre : celle de sainte Radegonde portant cet énorme bloc sur sa tête et ses quatre gros piliers dans son tablier de mousseline. Mais, la reine fatiguée sans doute — il y avait bien de quoi — laissa tomber un des piliers que le démon emporta. Ce qui fait, dit la légende, que les piliers ne sont plus que trois.

Non loin de la *Pierre-Levée*, à main gauche, se trouve un des plus grands cimetières de la ville.

Ce cimetière se trouve en prolongation d'un autre cimetière qui servait jadis, aux Gallo-Romains, pendant les cinq premiers siècles. Il fut découvert en 1889 par le commandant Rathmann chef du génie à Vincennes, en creusant les fondations du parc à fourrage de l'armée.

Sur ses abords le P. de la Croix, a trouvé, en 1879, les substructions de l'*Hypogée-Martyrium*, dont le savant Jésuite a fait une description qu'il a bien voulu nous autoriser, à reproduire.

L'HYPOGÉE MARTYRIUM

En 1879, on apprenait qu'un *Hypogée-Martyrium* des premiers siècles venait d'être découvert à Poitiers ; depuis, les revues et la presse quotidienne elle-même en ont parlé, mais rien de complet n'a été écrit et ne pouvait l'être jusqu'ici sur ce sujet, puisqu'aucune étude sérieuse de ce monument n'avait pu être faite. Aujourd'hui il n'en est plus de même. On a pu analyser aussi complètement que possible ces précieuses substructions, lesquelles, au dire de plusieurs savants qui les ont vues, sont, jusqu'à ce jour, uniques pour leur époque et en leur genre, dans notre antique Gaule.

Cet Hypogée-martyrium, placé sur les hauteurs sud-est qui dominent Poitiers, est entouré de 37 sépultures chrétiennes. Il couvre actuellement, avec ces dernières, une superficie de 1,815 mètres carrés qui, dans la tradition orale et dans les actes notariés, portent encore le nom de *Chiron-Martyrs* et de *Champ des Martyrs*. Ce terrain est enclavé en bordure dans le dernier quart d'une vaste nécropole romano-gauloise, explorée par M. Rothmann, chef de bataillon du génie.

Il se trouve limité, au sud et à l'ouest, par la nécropole païenne ; au nord, par des terrains vagues, et à l'est par un petit chemin romain qui reliait jadis la voie romaine de Poitiers à Bourges, par Argenton (longeant la nécropole), à celle de Poitiers à Tours et Paris ; ce chemin est encore connu du peuple sous le nom de *Chemin des Martyrs*.

Le sol de ce champ est composé d'une couche de terre végétale épaisse de 25 à 40 centimètres, sous laquelle gisent trois mètres de rocher friable et délité, qui recouvrent eux-mêmes des bancs de calcaire bons à exploiter.

Les substructions affectent la forme d'une *chambre basse* divisée en deux compartiments par un changement de niveau que détermine une *marche* ; elle devait être voûtée en plein cintre, comme l'indiquent les moellons rencontrés dans les déblais, sortir de terre d'environ 1 m. 50 c., et être recouverte par une toiture dont nous avons retrouvé des tuiles ; on y descendait par un escalier encore fort apparent. Sa plus grande profondeur, comptée du sol extérieur à l'aire, est de 2 m. 80 c. ; sa longueur moyenne (sans compter l'escalier), de 4 m. 80 c., et sa largeur de 2 m. 95 c. Un des côtés latéraux se trouve plus long que l'autre, et les deux faces intérieures ne sont point parallèles ; la forme de cette chambre est donc celle d'un trapèze, et l'escalier qui y aboutit s'écarte de l'axe et décrit un angle aigu sur la gauche. Trois de ses murs, bien qu'en fort mauvais état, existent encore et conservent quelques enduits recouverts de peintures ; ils sont mis en placages ou en revêtements contre le rocher friable, et ont au plus 0 m. 20 c. d'épaisseur. Celui du fond (est) possède la moitié de sa peinture, ainsi qu'une ouverture (*fenestella*) dont une partie de l'*allège* est encore en place. Celui de gauche (nord), assez bien conservé, mais dépouillé de son enduit, est coupé par une pénétration formant *arcosolium* avec peintures et inscriptions. Celui de droite .(sud) est totalement détruit. Quant à celui (ouest) dans lequel est prise la porte, il est, comme celui de gauche, bien conservé et garde quelques enduits et un peu de peinture.

Voilà les détails sommaires concernant les parois intérieures de cette chambre ; exposons maintenant ce qui se trouve *sur* son aire et *dans* son aire.

On voit *sur* son aire : 1º les restes d'un massif de maçonnerie haut de 0 m. 55 c., revêtu sur les quatre faces d'enduits et de peintures ; il appartenait à un autel ; 2º un sarcophage en pierre sculpté en haut-relief, mutilé dans sa partie supérieure, et sur lequel on voit des restes de peintures ; 3º une marche en pierre, avec ornementations et inscriptions en creux ; les creux des ornementations conservent encore quelques morceaux de verre qui en formaient la décoration, et ceux des inscriptions manifestent qu'ils avaient été peints en rouge ; cette marche est cantonnée par deux colonnettes fuselées faites au tour ; 4º quatre sarcophages en pierre de forme trapézoaïde, avec couvercles, et d'époques différentes.

De nombreuses cavités ont été pratiquées dans son aire : 1º pour recevoir le pied d'un petit bas-relief représentant deux hommes attachés à des croix ; sa base et sa partie supérieure ont été mutilées ; 2° pour y enchâsser à demi le petit sarcophage d'enfant avec son couvercle, et entièrement un autre sarcophage de même genre ; 3° pour contenir des ossements humains que renfermaient les fosses.

Une des fosses semble n'avoir été faite que pour recevoir, en qualité de puits perdu, l'eau qui devait inévitablement tomber dans l'intérieur de l'édifice par suite de la mauvaise disposition de l'escalier, dont une partie était à découvert ; elle n'était remplie que de limon d'alluvion. Une autre fosse se trouvait entièrement comblée par des démolitions de la construction. D'autres avaient pour couvertures des pierres sculptées d'une provenance antérieure, et la sculpture était apparente.

Pour compléter cette description, parlons un instant de l'escalier. Il se composait probablement de deux parties fort distinctes : l'une partait du sol extérieur et venait aboutir à une colonnette tronquée et à un pilastre incomplet, et tous deux doivent avoir été, jadis, surmontés d'un linteau ;

l'autre commençait à ces trois pièces d'architecture et aboutissait aux chambranles des jambages de la porte, auxquels elles se trouvaient reliées par les murs latéraux encore existants et qui eux-mêmes devaient supporter une toiture. Les petits murs de la partie à ciel ouvert étaient garnis de banquettes en pierres et en maçonneries reliées entre elles par des marches ; ceux de la partie couverte étaient aussi reliés par des marches.

Parmi ces marches, trois offrent un réel intérêt : nous en reparlerons

Au bas de l'escalier se trouve la porte, composée : 1° d'un seuil avec inscription en creux, sur lequel repose un des jambages, et en œuvre duquel est placé l'autre ; 2° des deux jambages autrefois monolithes, maintenant cassés vers la moitié de leur hauteur, mais dont nous avons retrouvé les morceaux parmi les remblais ; le jambage de droite est couvert d'une inscription très importante, et l'on voit sur celui de gauche, qui recevait les gonds, une croix et deux besants en creux ; 3° d'un linteau également avec inscription et monogramme du Christ. Nous n'avons de ce linteau que le centre, c'est-à-dire les trois cinquièmes de sa longueur ; il se trouvait aussi parmi les débris de ces ruines.

Après cette énumération un peu longue peut-être, mais toutefois brièvement esquissée, disons un mot de l'architecture, de la sculpture, de la peinture, de la décoration, des ornementations et des inscriptions ; puis nous formulerons quelques conclusions succinctes.

Tout ce qui constitue la partie architecturale de ce monument dénote qu'il a été construit à une époque de décadence et par des ouvriers malhabiles : les murs ne sont pas parallèles entre eux, les moellons et les mortiers en sont mauvais ; les colonnettes, quoique faites au tour, sont fuselées et non galbées, et manquent de proportion ; les moulures n'ont aucun style ; les chapiteaux s'écartent de toutes les règles fixes ; les personnages eux-mêmes sont informes, et le sculpteur n'a tenu aucun compte des effets de lumière que réclamaient de son ciseau les sujets et l'ornementation qu'il avait à traiter. La peinture n'est pas plus heureusement employée. Elle est faite à la façon romaine, sur *mortiers fins*, mais non sur *enduits blancs* et fins. Les couleurs n'offrent aucune variété et peuvent se résumer ainsi : blanc pour les fonds ; ocre rouge, ocre jaune clair tirant sur le jaune safran, et bleu de Prusse clair, pour les filets ; un peu de noir pour quelques détails d'ornementation ; bleu clair pour la voûte ; rouge brique pour les inscriptions murales ; et vermillon pour les lettres en creux des inscriptions lapidaires. L'eau acidulée les attaque assez difficilement. La décoration murale et lapidaire se compose généralement : 1° de deux cercles concentriques (grande marche, sarcophage, autel et peintures des fonds) que l'on attribue souvent à l'époque dite mérovingienne et qui se voient néanmoins en grand nombre sur les pièces d'orfévreries anciennes de la Grèce, ainsi que sur des objets romano-gaulois, tels que la Vénus en terre cuite publiée dans la *Revue des Sociétés savantes*, vol. VII, page 104, figures 1 et 2 ; 2° de rosaces composées d'un large cercle formant bordure, semé de petits trous ronds, et remplies par des lobes évidés, au centre desquels existe un rond également en creux ; d'autres rosaces accolées ensemble, d'une grande variété de composition (chambranle gauche de la porte ; 4° de torsades (grande marche et petite marche) ; 5° de rinceaux à feuilles de lierre.

Une ornementation qui fait réellement partie intégrante de la décoration paraît unique en son genre et demande à être signalée ; elle se compose d'incrustations de verre qui remplissent les petites cavités faites à dessin dans certaines parties des sculptures, des ciselures, des peintures et de quelques inscriptions. Ce verre cassé irrégulièrement n'a pas moins d'un centimètre dans sa plus grande dimension ; il est de couleur verte, bleue et jaunâtre, en tout semblable au verre rencontré dans la vaste nécropole païenne dont il a été parlé plus haut, et qui touche le petit cimetière chrétien dont nous nous occupons ; il est aussi fixé à la pierre et aux enduits par un mortier rose fin. On trouve ces incrustations : sur l'inscription du jambage droit de la porte dont elles forment la bordure de gauche et les interlignes ; sur le champ et la face de la grande marche ; sur les couvercles de fosses ; sur la face de l'autel, sur celle de sa table et sur les colonnettes; enfin, au centre des petites rosaces concentriques placées sur les peintures murales. Les ornementations symboliques ou historiques sculptées représentent : deux hommes attachés à leur croix (l'un d'eux a des trous dans les pieds); des poissons, des serpents formant triple entrelacs ; 23 croix de diverses formes, ainsi que des anges.

Énumérons maintenant les douze inscriptions murales et lapidaires qui sont dédicatoires, commémoratives, et sentencieuses. Celle qui est peinte sur le fond de l'arcosolium de gauche est une des plus altérées ; il ne reste de ses quatre premières lignes qu'un mot lisible IDIBVS, et que les hauts et les bas des lettres touchant aux lignes tracées en couleur ; voici ce qu'il en reste :

IDIBVS. . . . .

IMP. . . . † QVOD.HIC.IN.DI.NOMINI.
INPRIMIS.SCA.DEDICATIO . INGRESSA EST.III. K AGVSTAS
ET QVOD FACIT . DECEMBERI PRIDIÆ . III ET . XIIII . K IANVARIAS.
INCRESSIO.SCORVM.HIC.EST † F. DI.MARTYRESHIL.SOSTANOS INCRESSAS SVNT
IN NOMENI.DNI. . . . . SVNT QVOS . .
MARTIVS. . . . .
. . . . . . QVOD FACIT. . . . . R.PIX ET III . . . .

Les cinq dernières lignes étaient recouvertes par un lait de chaux sur lequel se voyai
une autre inscription incomplète, dont il ne restait de vraiment lisibles que les mots
† . . . . † MARTYRES.DN
DOMNI. . . . . MARTHERVN.NOMIRVN.LXXII.H
. . . . NOVENB.DIES.XIII

La phrase : *nombre des martyrs* LXXII s'y trouve donc très nettement formulée.

Il a fallu enlever ces trois lignes pour remettre au jour, celles qui se trouvaient par dessus.

Il ne subsistait plus de l'inscription peinte à droite de la *fenestella* que :

> † IN.DI.NOMINI
> MONETVS.NS...

Les inscriptions suivantes sont gravées.

Celle du seuil de la porte a été signalée, depuis quelque temps, à la sagacité des épigraphistes ; la voici :

> GRAMA   GRVMO
> ANA—AY CAX PIX

Personne, jusqu'ici, n'en a trouvé le sens.

L'inscription la plus complète est celle du jambage de la porte ; il n'y manque que peu de lettres. Elle renferme une dédicace, une profession de foi et un anathème, et peut se lire ainsi à l'aide de quelques lettres que nous ajoutons :

> † IN DI NOMINI.EGO
> † HIC.MELLEBAVDIS

```
    REVS.ET.SERVVS.IHM.XPO      (pour IN.IHM.XPO
    INISTITVI.MIHI.ISPE         (pour INSTITVI)
    LVNCOLA.ISTA.VBI            (pour SPELVNCOLA)
    IACIT.INDIGNI
    SEPVLTVRA.MEA.
    QVEM.FECI.IN NOME
    NI.DNI.IHM.XPI. QueM
    AMAVI.IN.QVOD
    CREDEDI. Vere.digNVM
    EST.CONFETIri.dm            (pour COFITERI)
    VIVum cujus
    GLORIA.MAGNA.EST.
    VBI.PAX.FEDIS.CARI.         (pour FIDES)
    TAS.EST.IPSE.DS.ET.HO
    MO.EST.ET.DS.IN.ILLO
    SI.QVIS.QVI.NON.HIC
    AMVT.ADORARE.DNM.HIM.
    XPM.ET.DISTRIVIT.OPFRA
    ISTA.SIT.ANATHFMA
      MARANATHA.
    VSQVID.IN.SEMPTERNVM.
```

Sa traduction française serait alors la suivante :

« Au nom de Dieu, moi (sous-entendu : je dis, j'écris ce qui suit :

« † Ici (moi) Mellebaudis, débiteur et serviteur

« de Jésus-Christ, j'ai construit pour moi cette
« petite caverne où repose (quoique) indigne ma
« sépulture que j'ai faite au nom du Seigneur Jé-
« sus-Christ, lequel j'ai aimé, auquel j'ai cru. Il
« est vraiment digne d'être confessé (déclaré)
« Dieu vivant dont la gloire est grande. En Lui
« est la paix, la foi, la charité. Lui-même est Dieu
« et homme, et Dieu est en lui. Si quelqu'un n'aime
« pas adorer, ici, le Seigneur Jésus-Christ, et dé-
« truit cet ouvrage (cette œuvre, ce monument),
« qu'il soit anathème (**MARANATHA**, mot syriaque
« signifiant anathème) jusque dans l'éternité. »

† *me*MORIA.MELLE ┼ BAVDI¹.ABBI.REVN.XPI.HIC.*est*
  DEVOTI.VENIVNT   VNQVE².AD³.IPSO PRO DiCTi*one*
  *am*MIS QVI   REMIANT⁵ ANN*ua*im.

(1. ABBI pour ABBATI. — 2. VNQVE. — 3. ADIPSO
pour AD IPSAM (*memoriam*) ou AD IPSVM (*Christum*). 4.
DICTIO, entretien intime, confidence (Quintilien). — 5.
REMIANT pour REMEANT.

Et sa traduction serait :

« La mémoire de Mellebaudis, abbé, débiteur du
« Christ, est ici. Les dévôts viennent de toute part
« à lui (le Christ, ou à elle) pour l'entretien intime
« de leurs âmes, et y reviennent chaque année. »

Tout en exposant cette restitution, nous la croyons susceptible d'être encore améliorée.

Les deux petites inscriptions qui se trouvent sur les battants de la porte, sont un peu frustes et fort incomplètes.

En tête de chacune on voit une croix, à la traverse de laquelle sont suspendus l'A (Alpha) et l'O (oméga), et par dessous la traduction littérale de ces deux lettres : ALFA ET (la lettre grecque elle-même). Je ferai remarquer que les monnaies de Magnence et de Décence, frappées à Arles de l'an 350 à l'an 353, ont au revers le chrisme avec l'A et l'O, et qu'elles avaient cours à Poitiers pendant le IV⁰ siècle.

A la suite de l'un des monogrammes et de sa traduction littérale, on lit les mots suivants :

QIAM   (pour QVONIAM)
QVID
QVID
QVOD   ⎫
TIDIAE   ⎬ pour QVOTIDIE)
PEIVS   ⎭

```
ET PEJVS
QVIA.IAM
fNIS AD
pROPIN
QVAT
```

« Parce que toutes choses vont chaque jour de mal en pis, voilà que déjà la fin (des temps) approche. »

Le reste est presque indéchiffrable

Les mots qui se voient au dessous du second monogramme, sont très frustes et ne semblent donner jusqu'ici aucun sens.

Les débris d'un ancien sarcophage, dont les morceaux servaient de couverture aux fosses n°s 9 et 10, comportaient :

.... IMIS.SCI.GANANI.LANPRITI[1] .VAPRIGATI.HELARII. MARTINI.....

(1) LANPRITI ou LAVPRITI.)

Ces cinq noms sont des noms propres et étaient suivis de quelques autres dont il ne reste que des vestiges; en dessous de cette inscription, il en existait une, maintenant indéchiffrable, et au-dessus on voit encore quatre figures, à gauche de la tête desquelles sont leurs noms : d'abord un homme, **MATHEVS**, puis un aigle avec ailes, **IOCHANNIS** et deux anges ailés, **RAFAEL** et **RAGVEL** ; les deux autres manquent. Nous reviendrons, dans la monographie, sur cet ange prétendu, désigné par le nom de Raguel.

Nous ne possédons qu'un morceau de la face d'un sarcophage représentant également des anges, mais sans noms, et l'inscription qui s'y voit commence ainsi :

✝ **HIC.IN.NOMEN.DNI......**

On voit aussi, sur un fragment de monument en pierre qui faisait partie du bas-relief représentant deux hommes en croix, les mots **HIC SYMION** au-dessus d'une croix supportée par une fiche qu'embrassent deux mains, dont les bras sont couverts de plumes.

La première partie de la maxime inscrite sur la grande marche qui sépare en deux l'hypogée est incomplète ; il n'en reste que le commence-

ment et la fin HOMO✝QVIS.GLORIATUR.DEO.SEMILEM...
IGNORAT... ✝ MELIVS.EES.ENIM.IN.MALEFACTIS.
HVMELIS.CONFESSIO.QVAM.IN.BONIS.SPERVA.GLO-
RACIO.

Une inscription de deux lignes se voit sur une pierre, qui peut être placée dans la restitution au-dessus de la porte d'entrée ; elle est ainsi formulée :

✝ EMMA ✝ NVHEL
NV BIS CVM DS

Nous nous abstiendrons de tout commentaire sur ces inscriptions, à cause des limites qui nous sont tracées ; mais il faut remarquer, que dans les mêmes inscriptions, les G, les C, les E sont *ronds* ou *carrés*, que les O sont ronds ou crucifères, que toutes les L ont une forme de λ grec ; que *toutes* les lettres lapidaires, ainsi que celles peintes au fond de l'arcosolium de gauche, sont de même époque, et que certaines inscriptions murales sont seules, d'époques différentes.

Voici maintenant, et pour terminer, les quelques conclusions qu'après une étude assez approfondie, on croit pouvoir formuler :

1° Ces substructions peuvent être appelées :

hypogée, vu les conditions dans lesquelles elles existent ; *hypogée-martyrium*, puisqu'un sigle **M.** au centre de laquelle se trouve un point, signifie *martyres* ; qu'une inscription murale porte les **MARTHERVM.NOMIRVM.LXXII.** ; qu'un bas-relief représente deux hommes attachés à *des croix*, et qu'enfin la tradition, soit orale, soit écrite, a conservé et conserve maintenant encore les noms de *Chiron-Martyrs*, *Champ-des-Martyrs* et *Chemin des Martyrs*.

2° Nous connaissons sept noms de martyrs : ceux d'**HIL**a*rius* et de **SOSTANOS** qui se lisent sur la plus ancienne inscription de l'*arcosolium*, et ceux d'**AGNANVS**, de **LANPRITVS** (ou **LAVPRITVS**), de **VAPRIGASVS**, d'**HELARIVS** et de **MARTINIVS**, inscrits sur un des sarcophages dont j'ai parlé plus haut.

3° Le nombre des martyrs ne peut être autre que celui de 72, puisque l'inscription **MATHERVM NOMIRVM LXXII** l'indique nettement ; et ces 72 chrétiens ont dû être martyrisés pendant le IIIe siècle, car la grande fosse de 85 mètres 50 centimètres de longueur, rencontrée vide d'ossements, à proximité de l'*hypogée*, dans la grande nécropole païenne, recélait en son fond trois sépultures *par* *ustion*, c'est-à-dire des deux premiers siècles. Trajan-Dèce (249-264) ou Maximien-Hercule (286-305), peut-être même Marc-Aurèle, sous lequel furent martyrisés les chrétiens de Lyon (177), auraient été les auteurs de ces sacrifices sanglants.

4° L'examen attentif de ce monument nous porte à croire qu'il a été construit par Mellebaudis, détruit en partie par des infidèles, reconstruit peu de temps après, et ruiné de nouveau par vice de construction.

Nous en avons comme preuve : les deux inscriptions superposées qui se trouvent dans l'arcosolium de gauche ; les deux couches de peintures, également superposées, qui couvrent l'autel et les autres parties de l'édifice, où les peintures existent encore ; un fragment d'inscription sur pierre appartenant à la première construction, trouvé à l'état de moellon dans la maçonnerie de la seconde ; les moellons et les peintures de la voûte rencontrés dans les remblais ; les ossements demeurés intacts dans les sarcophages, ainsi que dans les fosses taillées à même dans le rocher ; et enfin les débris des faces de sarcophages avec sculptures et inscriptions servant de couvercles aux fosses n°s 8, 9 et 10.

5° L'intérieur de la première construction, divisé en deux parties comme celui de la seconde, possédait : une fenestella avec son allége, une voûte, un escalier, une porte, une grande marche, deux colonnettes, un dallage ornementé (nous en avons deux échantillons complets, un autel et trois arcosoliums, dont un, à gauche du spectateur, abritant un sarcophage avec personnages et ayant contenu les restes d'Hilaire et de Sosthènes, puis deux à droite de moindre importance, sans sarcophages, mais avec des faces sculptées et inscrites, derrière lesquelles devaient se trouver, d'une part, les ossements des martyrs dont on connaissait les noms, de l'autre ceux dont l'identité n'était pas constatée. Nous pouvons aussi considérer comme certain que ces reliques n'ont été apportées dans le monument que par translation, à en juger du moins par le temps qui s'est écoulé entre l'exécution des martyrs et l'érection de l'édifice.

6° L'intérieur de la seconde construction différait essentiellement de celui de la première : la fenestella, la voûte, l'escalier, la porte, la grande marche, les colonnettes, l'autel, et l'arcosolium de gauche, existaient cependant, mais le dallage, ne fut pas remis, des fosses furent creusées dans le roc pour recevoir des ossements par translation et les quatre grands sarcophages 1, 2, 3 et 4 y furent introduits *successivement* et auraient reçu, après leur introduction et par translation, les restes humains qui s'y trouvent encore. Tous ces ossements n'appartiennent certainement pas aux 72 martyrs, mais probablement à Mellebaudis, propriétaire et constructeur du monument, ainsi qu'à ses proches, et la reconstruction aurait, ce semble, été l'œuvre de ces derniers.

7° Il paraît certain que Mellebaudis (*abbɔs*) a présidé à la construction de cet hypogée ; que les nombreuses inscriptions qui s'y trouvaient, et dont la plupart se voient encore, ont été dictées par lui, et que lui-même a opéré la translation des restes des 72 martyrs.

8° Enfin, nous ne croyons pas pouvoir assigner une date précise à ce monument, parce que les développements dans lesquels il nous faudrait entrer, dépasseraient de beaucoup les limites d'une simple communication. Nous nous bornerons donc aux quelques considérations suivantes.

Si l'on s'en rapporte à un petit bronze à fleur de

coin trouvé dans un des sarcophages extérieurs qui, nous l'avons dit, sont bien postérieurs à la reconstruction de l'édifice, la construction première aurait été faite vers la fin du vi^e siècle. La démolition, opérée en haine de la foi, aurait eu pour auteurs les Huns, de 436 à 439, ou Euric, troisième fils de Théodoric, de 474 à 484 ; la reconstruction se serait faite alors sous Alaric ou sous Clovis. Quant à la seconde destruction, elle aurait été occasionnée par des vices de construction et par le manque d'entretien.

En ne tenant aucun compte du petit bronze cité plus haut, on pourrait attribuer au ve siècle l'érection du monument. Alors la construction se serait faite sous Théodoric, chef des Visigoths, après l'an 419 ; la destruction, par les Huns ou sous Euric; la reconstruction sous Alaric ou sous Clovis, et la seconde destruction peu après et fortuitement.

Pour attribuer au vi^e siècle l'érection de ce martyrium, il faut s'appuyer uniquement sur ce que nous enseignent les sciences épigraphiques. paléographiques et architectoniques ; mais ont-elles bien des bases assez nombreuses et assez solides pour que l'on puisse s'en servir avec certitude, en ce qui concerne le IV⁰ et le V⁰ siècle ? Je ne le crois pas, car les monuments de cette époque sont excessivement rares en France, et ceux de même date que nous connaissons au delà des monts ne peuvent nous prêter qu'un bien faible concours. Quoi qu'il en soit, et bien que Grégoire de Tours, Fortunat et nos autres historiographes d'Aquitaine ne disent pas un mot de cet hypogée-martyrium, le considérant comme du VI⁰ siècle, sa construction pourrait avoir été faite pendant le règne de Clotaire, sa destruction par Théodebert, lorsqu'il s'empara de Poitiers en 573, et sa reconstruction peu de temps après.

Ce monument, unique dans son genre, fixe l'attention très particulière de tous les archéologues qui ont pu le visiter. Ils se plaisent à reconnaître sa grande importance pour l'histoire ecclésiastique de la seconde Aquitaine, en même temps qu'ils le regardent comme un trait de lumière pour l'histoire des premiers siècles chez nous, et une source de progrès pour la science à notre époque.

Malgré le soin extrême avec lequel il a été étudié et l'importance des résultats obtenus, on ne saurait méconnaître que plusieurs points restent encore à éclaircir.

Cet intéressant monument n'est malheureusement plus visible aujourd'hui ; son inventeur, qui en est propriétaire, s'est vu contraint de le remblayer.

Espérons que cet enfouissement nouveau ne sera pas de longue durée.

POITIERS
ET SES ENVIRONS

La campagne, les bourgs et les villages des environs de Poitiers renferment des curiosités qui valent la peine d'une visite. Nous allons les indiquer sommairement, d'après le précieux répertoire archéologique, qui a été dressé par les soins de la Société des Antiquaires de l'Ouest, et la *Géographie de la Vienne* du savant M. de Longuemar.

BIARD. — A l'Ouest — Etablissement fondé par M. de Larnay pour l'éducation des sourdes-muettes.

FONTAINE-LE-COMTE. — Au Sud-Ouest. — *Aqueduc romain* de Basse-Fontaine qui amenait l'eau à Poitiers. — *Eglise romane* abbatiale du XIIe siècle.

LIGUGÉ. — Au Sud-Est. — (*Station du chemin de fer de Poitiers à Bordeaux.*) — *Aqueduc romain* de la Reynière qui rejoignait celui de Basse-Fontaine ; autre *aqueduc romain* du Cimeau. — *Grotte naturelle* dite la *Roche Saint-Jean*, dans les bois de la Mataudrie. Auprès de cette grotte on voit encore, dans le vallon de Mezeaux, un *pont* fort ancien. — Jolie *église* du XVe siècle construite par ordre de Jean d'Amboise, abbé de Ligugé, et frère du célèbre cardinal, auprès de l'endroit où un oratoire récent occupe la place de la *cellule de Saint-Martin*, qui fonda, en ces lieux, vers 360, le premier monastère des Gaules. Auprès de l'église s'élève le bâtiment principal de l'ancienne *abbaye* avec tours rondes et carrées, et qui renferme, outre un très bel escalier en pierres avec reposoirs, une cuisine voûtée très ancienne.

MIGNÉ. — Au Nord. — (*Station du chemin de fer de l'Etat.*) *Château d'Auxances*, bâti en 1874 par Jean Merichon, chambellan de Louis XI; donjon carré couronné de mâchicoulis, flanqué de tourelles.

SAINT-BENOIT — Au Sud-Est. — (*Station du chemin de fer de Poitiers à Bordeaux.*) Les *Arcs de Parigny ou de l'Ermitage*, restes de l'*aqueduc romain* de Basse-Fontaine. Ils sont situés au sommet du coteau en face les *grottes de Calvin*. — *Eglise romane* du XIe au XIIe siècle. — Ruines de l'*abbaye de Saint-Benoît de Quinçay*. — *Chapelle de Mauroc*. — *Grottes* de *Passelourdin*, célébrées par Rabelais. — *Rochers* très curieux, entre autres le *Roc qui boit à midi*.

VOUNEUIL-SOUS-BIARD. — A l'Ouest — Traces de l'*aqueduc romain* de Fleury. — Restes d'une *enceinte gallo-romaine*. — *Souterrain* de la Roche.

CANTON DE LUSIGNAN

Lusignan. — Au Sud-Ouest. — (*Chemin de fer de Poitiers à La Rochelle.*) Localité célèbre par son *château*, dont la tradition populaire attribuait la fondation à la fameuse fée Mélusine, et qui eut à subir de nombreux sièges pendant les guerres du moyen-âge, Il ne reste plus trace de cet antique manoir. — En revanche, on voit à Lusignan une belle *Eglise romane* avec crypte sous le chœur, et deux *souterrains*, dans le coteau, qu'on appelle les *trous de Mélusine*. Dans la ville on voit encore des *maisons* curieuses du moyen-âge. — Les Lusignans étaient rois de Jérusalem, de Chypre et d'Arménie.

Celle-l'Evescault. — Au Sud-Est. — *Cimetière gallo-romain*, découvert en 1847. — *Eglise collégiale* de Saint-Etienne des XIIe et XIIIe siècles. — *Maisons en bois.* — *Château* du XVIIe au XIIIe siècle.

Curzay. — Au Nord-Ouest. — *Château* du XVIe au XVIIe siècle.

Jazeneuil. — A l'Ouest. — *Grotte des Fées.* — *Eglise romane* remarquable du XIIe siècle.

Sanxay. — A l'Ouest. — Située à 30 kil. de Poitiers, à l'ouest du département de la Vienne, la commune de *Sanxay* doit sa renommée aux fouilles que pratiqua, sur son territoire, un savant et célèbre jésuite, le R. P. Camille de la Croix. Commencés le 14 février 1881, ces fouilles ont duré quatre années. Elles ont amené, sur une superficie de 14 kilom., la découverte de tout un ensemble de substructions du plus haut intérêt scientifique et artistique.

La découverte du Père de la Croix fit grand bruit de 1881 à 1884. La presse parisienne envoya ses chroniqueurs scientifiques sur le lieu des travaux, et de nombreuses polémiques s'engagèrent, dans le monde savant, au sujet de la destination des constructions gallo-romaines dont on venait de mettre à jour les vestiges.

A l'époque gauloise, Sanxay, ou plus exactement la vallée de *Boissière*, fut vraisemblablement un grand lieu de pèlerinage et de transactions commerciales. Entouré de collines — alors boisée — le lieu était merveilleusement propice, pendant la belle saison, aux pratiques mystérieuses de la religion gauloise, et sa situation centrale où aboutissaient de nombreuses routes, en rendait l'accès facile aux tribus environnantes.

Lorsque les Romains furent maîtres du pays, non seulement ils ne s'opposèrent pas à la continuation des usages et traditions indigènes, mais encore ils eurent l'habileté d'en faciliter l'observation par tous les moyens en leur pouvoir. C'est ainsi qu'ils élevèrent à Sanxay, les monuments imposants dans lesquels les Gaulois trouvèrent toutes les commodités et les plaisirs raffinés de la civilisation romaine.

D'abord le *Temple*, dont la façade mesure 76 mètres 12 cent., et qui est le plus grand édifice de ce genre que les Romains aient élevés dans les Gaules. M. Berthelé, dans une excellente notice (1) en fait la description suivante :

« Aux deux extrémités et au milieu de la façade se développent trois escaliers donnant accès dans le temple. L'escalier du milieu mesure 7 mètres 42 cent., celui de droite 2 mètres 80 cent., et celui de gauche 3 mètres 33 cent. Les quatres premières marches de ces escaliers existent encore, et l'une d'elles, la première du plus grand

---

(1) *Quelques notes sur les fouilles du P. de la Croix*, par J. Berthelé, architecte du département des Deux-Sèvres. (Niort, Robichon 1882).

offre une particularité qui donne la mesure du long espace de temps durant lequel le temple est demeuré debout et de l'affluence des multitudes qui s'y rendaient : cette marche est profondément usée par le frottement des chaussures. Que de temps et que de foules il a fallu pour que les sandales et les cothurnes aient pu faire à la pierre cette énorme échancrure !

« Au point où les escaliers se réunissaient au niveau de plein pied, s'élevait une splendide colonnade de 18 fûts cannelés surmontés de chapiteaux d'une grande beauté et surtout d'une originalité saisissante.

« Après avoir franchi la ligne de cette première colonnade, on arrive à un vestibule orné d'un triple rang de 22 colonnes, soit au total 66.

« Au delà du vestibule, au milieu d'un vaste déambulatoire formé d'un double rang de colonnes, s'élève le temple proprement dit, flanqué de quatre petits préaux et présentant la forme d'une croix grecque. Au point central de l'intersection des bras, dans la *cella* octogonale, était la statue du Dieu, peut-être Apollon (le similaire d'Eusus), ainsi que le fait supposer, un fragment d'inscription.

« En avant de la statue, entre la *cella* et le vestibule, se trouvait le lieu des sacrifices. Un égout construit avec beaucoup d'art et de soin, admirablement conservé, dont la largeur suffit au passage d'un homme, et dont la voûte est élevée de deux mètres environ, servait à l'assainissement du terrain et à la propreté du temple.

« A l'extérieur, on aperçoit les substructions de divers édifices accessoires consacrés à son service. C'est d'abord un bâtiment destiné à l'habitation des gardiens (tout auprès a été découverte une sépulture gauloise), puis l'étable où les victimes attendaient l'heure du sacrifice, une conciergerie et un château d'eau fournissant d'abord le temple, puis le balnéaire dont il sera question un peu plus loin.

. . . .

« La forme cruciale est ce qui, dans ce curieux monument, mérite plus l'attention. « On ne peut contester une origine païenne à ce temple de Sanxay, dit M. de la Marsonnière... Or, malgré cette origine incontestable, il est cruciforme. C'est une preuve de plus que la forme cruciale était entrée dans les combinaisons de l'architecture bien avant qu'elle eut été adoptée symboliquement par les architectes chrétiens en souvenir de l'instrument de la rédemption. C'est un fait dont témoignaient déjà divers monuments antérieurs à l'avènement du Messie, mais ce n'en est pas moins une rareté, et cette particularité ajoute encore au prix de la magnifique découverte du P. de la Croix. » En un mot, c'est une forme toute nouvelle de temple païen qui nous est révélée. »

« Les débris d'architecture que nous avons rencontrés en déblayant ce Temple, dit le P. de la Croix dans son *Mémoire archéologique* (1), son *peribobos* et ses dépendances, ne sont pas nombreuses, mais ils suffisent grandement pour faire connaître la forme architecturale qui décorait la plupart des deux parties. Ainsi toutes les colonnes étaient faites au tour, rudentées d'un tiers à partir de leur base et cannelées au deux tiers de leur hauteur ; j'en excepte cependant celles du portique et de la grande cour dont les fûts étaient couverts de feuilles de lauriers imbriquées ; les diamètres variaient suivant les parties d'édifice qu'elles ornaient ; tous les profils des bases ainsi que l'ornementation et les moulures des chapiteaux sont de l'ordre composite. »

« Ces chapiteaux sont d'ailleurs remarquables par leur originalité. Ils permettent de constater une fois de plus, suivant l'expression de M. Berthelé, cette allure indépendante de la sculpture en Gaule à l'époque de la domination romaine.

« Deux constructions affectées aux *Thermes* sont séparées l'une de l'autre par une vingtaine de mètres. La principale fait suite à la grande cour qui précédait les périboles du Temple, et celle de moindre importance est située plus bas que la précédente et sur le bord de la rivière.

« La construction principale couvre une superficie de

(1) *Mémoire archéologique sur les découvertes d'Herbord, dites de Sanxay.* — Clouzot édit. Niort 1883.

6 600 mètres carrés. Sa forme est celle d'un vaste trapèze ayant 110 mètres de longueur et 60 de largeur moyenne. Elle est entourée de murs de clôture là où des constructions importantes ne la délimitent pas, et se compose de trois cours ou préaux, d'une spacieuse colonnade, d'une grande salle, d'un bâtiment important servant à la balnéation, et d'une longue galerie couverte par laquelle le public arrivait des hôtelleries au balnéaire.

« Ce balnéaire a été certainement remanié à une époque encore indéterminée. Cependant les piscines d'eau chaude, d'eau tiède, d'eau froide du premier édifice ont été conservées ; mais on en a ajouté d'autres beaucoup plus considérables. Les hypocaustes placés au-dessous de ces piscines sont d'une construction remarquable et d'une parfaite conservation. »

Dans l'une des caves du balnéaire, prend naissance une galerie conduisant à un édifice spécial — probablement placé sous la protection de Vénus. Glissons rapidement sur sa destination.

Les *Hôtelleries* s'étendaient sur une surface de trois hectares et renfermaient un hypocauste de 6 mètres 20 carré, au sujet duquel M. de la Marsonnière écrivait ce qui suit en 1882 « Pas une pièce ne manque à ce vaste calorifère qu'on dirait fraîchement sorti des mains d'un architecte du temps des Césars, et qui nous donne, à dix-huit siècles de distance, une vision de la vie domestique des gallo-romains. »

Le Théâtre adossé à une colline, pouvait contenir environ 8.000 personnes. Sa façade mesurait 84 mètres. Son acoustique devait être excellent.

Les constructions Gallo-romaines de Sanxay ont dû être détruites vers 275, (révolte des Bagaudes) d'après l'indication fournie par les 342 pièces de monnaie recueillies par le P. de la Croix, et qui ont été examinées par les principaux numismates de France.

A partir de ce désastre, les ruines furent exploitées jusqu'au VIIIe siècle, à l'apparition des Sarrazins, par les populations qui se groupèrent autour de l'église St-Pierre de

Sanxay ; puis, peu à peu le terrain sur laquelle reposait les restes des monuments, se brisa et ce fut seulement dans la première moitié du 17ᵉ siècle qu'il fut mis en culture. Ceux-là mêmes qui le défrichèrent étaient loin de se douter du trésor archéologique qu'il renfermait.

C'est au Père Camille de la Croix que revient l'honneur et la gloire — après tant d'autres belles inventions — de mettre au jour ; mais il en fut bien mal récompensé !

Après l'avoir laissé dépenser son argent sans lui venir en aide, l'Etat s'est arrangé pour se substituer à lui, en achetant pour 34.000 fr., les terrains dont il n'était que locataire. Or, sur ces 34 000 fr., 20.000 ont été fournis par de généreux souscripteurs, que le savant jésuite avait su enthousiasmer par ses conférences et ses écrits.

Et si encore l'Etat avait pris des mesures pour conserver la découverte ! Mais non, rien n'a été fait et avant peu il ne restera aucun vestige des importantes substructions dont la garde a été confiée à un vieillard complètement illettré, et qui s'offre comme cicerone aux infortunés visiteurs qui s'adressent à lui !

Quand donc un ministre des Beaux-Arts comprendra-t-il enfin que l'Etat, en acceptant l'argent qui lui était offert par souscription, a contracté envers les souscripteurs, l'engagement moral de préserver de la destruction les belles ruines de Sanxay !

— Vieux *château* féodal de Marconnay —*Maisons* sculptées du moyen-âge, fort curieuses.

CANTON DE VIVONE

VIVÔNE. — On y a découvert une *villa-romaine*. — Ruines du vieux *château*, du xiie siècle, avec tours rondes et souterrains. — Quelques vieilles *maisons*. — *Château de Cersigny*, à tourelles et mâchicoulis.

CHATEAU-LARCHER — A l'Est. — *Menhir ; dolmens ; enceintes* en pierres brutes. — Grand *dolmen* sur le plateau d'Arlet. — Jolie *église romane* du xiie siècle. — Enceinte du vieux *château* — Dans le cimetière, *lanterne des morts*, en forme de colonne creuse, sur piédestal carré. — C'est de *Bapteresse*, près de Château-Larcher, que vient l'autel gallo-romain avec bas-reliefs de dieux et de déesses, que l'on voit au Musée de Poitiers.

ITEUIL. — Au Nord. — (*Chemin de fer de Poitiers à Bordeaux*) — Ruines du *château de la Clavière*, donjon, double enceinte, poterne et souterrains. — Restes curieux du *château de Bernay*, qui offre des sculptures très intéressantes, des portes, des fenêtres, des colonnes torses de la fin du xve siècle.

MARIGNY-CHEMEREAU. — Ruines du vieux *château*, dont le corps de bâtiment central était protégé jadis par des ponts-levis et des mâchicoulis.

MARNAY. — Au Sud-Est. — *Souterrains* dans les rochers. — *Tumulus* à Fontaigu. — *Menhir* de la Boissonnière. — Ruines du *château de la Vergne*.

CANTON DE VOUILLÉ

VOUILLÉ. — Au Nord. — Lieu qui a longtemps passé pour être le lieu où a été livrée la fameuse *bataille* entre Clovis et Alaric. — *Eglise romane* de Sainte-Radegonde, XIIe siècle. — *Tour de Jérusalem* près de l'église ; XIIIe au XIIe siècle. — *La Roche de Jéricho* près de la tour de Jérusalem. — *Manoir* pittoresque sur la rive gauche de la rivière.

AYRON. — Au Nord-Ouest. — *Souterrains.* — *Eglise ogivale* de Saint-Gervais et Saint-Protais. — *Château* de la *Vandelogne* du XVIe siècle.

BÉRUGES. — Au Sud-Est. — *Souterrains.* — *Pèlerinage* de la fontaine de *l'Abbaye du Pin*, où croit une plante propre, dit-on, à guérir les plaies invétérées. — *Fragments* de *l'aqueduc romain* de Fleury à Poitiers. — Ruines de *constructions romaines.* — Reste de la *Tour de Guyenne*, forteresse féodale démantelée par saint Louis dans sa guerre contre Hugues de Lusignan. — *Ancienne abbaye du Pin* : XVIe au XVIIIe siècle. — *Église* du XIIIe siècle.

CHIRÉ-EN-MONTREUIL. — *Eglise romane* du XIIe siècle. — *Château* de *Piloué*, appartenant à M. Aymer de la Chevalerie.

FROZES. — Au Nord. — *Dolmen* de la *Pie* ou de *l'Abbie*, paraissant avoir eu une enceinte dont il reste trois pierres. — *Pierre-Levée* de la *Dehon* longue de 6 mètres sur 4 de large et 1 d'épaisseur.

LATILLÉ. — A l'Ouest. — *Eglise* de la renaissance. — Joli *château* de la *Chèze*.

MONTREUIL-BONNIN. — Au Sud. — Trois *souterrains*. — Reste de l'*aqueduc romain* qui amenait à Poitiers les eaux de la Fontaine de Fleury. — *Eglise romane* du XIe siècle. — Ruines imposantes du *château fort* et du *donjon* de Montreuil, possédé par les premiers ducs d'Aquitaine, puis par les Lusignans. Richard-Cœur-de-*Lion*, qui y séjourna, y avait établi un *atelier monétaire*. Sur une fenêtre du donjon se trouve une *inscription hébraïque* qui nous apprend qu'en 1238, un pauvre juif nommé Samuel, de Bâle, y fut détenu.

QUINÇAY. — A l'Est. — Traces d'un *oppidum gaulois*, dit le camp de *Ceneret*. — *Grottes* en grande quantité dans les berges de la vallée de l'Auxances.

LE ROCHEREAU. — Au Nord. — Beau *dolmen* près du *Château* de la *Rondelle*.

CANTON DE LA VILLEDIEU

La Villedieu — *Église romane* du XIe au XIIe siècle. — Ancienne *commanderie* du *Temple* qui fut remplacée par une commanderie de *Malte*.

Andillé. — A l'Ouest. — *Dolmen* sur le coteau. — Autres *dolmens* en partie détruits, aux *Roches*. — Restes d'une grande *villa* romaine avec *balnéaire*, découverte en 1820. — *Château fort* des *Roches-Prémarie* bâti en 1443 par l'abbaye de Montierneuf. — *Château* de la *Planche*.

Aslonnes. — Au Sud-Ouest. — Beau *dolmen* avec *cromleck*. — *Hautes bornes* sur le chemin d'Andillé à Château-Larcher. — Ancien *prieuré* de la Verré.

Gizay. — Au Sud. — Ancien *château fort* du *Petit Chambonneau*, tours, pont-levis, mâchicoulis.

Nieuil-l'Espoir. — Au Nord. — La *Tombe à Laurent* dans le bois de Vandeneu. On jette des offrandes dans une cavité de la pierre pour être guéri des furoncles. — *Château* et magnifique *Parc de la Chaboissière*, appartenant à M. Autellet.

Nouaillé. — Au Nord. — *Souterrains* de la *Roche de Pron* et de la *Cave aux Loups*. — *Dolmens renversés*. — Belle *église romane* du XIe au XIIe siècle. — *Enceinte fortifiée* de l'ancienne *abbaye* (XIe au XIIe siècle). — Pavillon octogone dit de l'*Abbé*, du XVe siècle ; *cheminée* curieuse en forme d'*échauguette*. — *Chapelle romane* de *Sainte-Marie d'Availles*, accolée à un portail du xviᵉ siècle d'une rare élégance — *Chapelle* de *Montvinard* reconstruite au xivᵉ siècle, objet d'un pèlerinage autrefois célèbre. — Beau *Parc* de la *Fougeassière*, appartenant, à M. Pain, député de la Vienne. — La *Cardinerie*, ferme dans les champs de laquelle fut livrée la funeste *bataille de Maupertuis* où le roi Jean fut fait prisonnier par le Prince-Noir.

VERNON. — Au Sud-Est — *Cimetière gallo-romain* près de l'église.

CANTON DE SAINT-JULIEN-L'ARS

SAINT-JULIEN-LARS. — Curieux *souterrain refuge* à la Roche. — Anciens *camps* à Fontenelle, à Châteauneuf, à Carthage et dans le bois du Chatellier. — Château fort curieux du xve siècle, sur l'emplacement de constructions du xiie.

BONNES. — Au Nord-Est. — Chapelle de la *commanderie* avec abri circulaire et campanile, style roman poitevin du xiiie siècle. — Ruines du *château* du *Teil* présentant des tours reliées par de hautes courtines — *Château* de *Touffou* xvie siècle, très beau spécimen d'architecture de la renaissance, avec tours débordées par des couronnements reposant sur d'élégants corbeaux, salle de spectacle, ponts-levis, prisons, souterrains, etc. — *Tour d'Ardenne* à Loubressay, vieux *donjon* avec vaste souterrain.

LA CHAPELLE-MOULIÈRE. — Au Nord. — *Chapelle* et *fontaine* de Saint-Claud, ancien pèlerinage.

JARDRES. — A l'Est. — *Tour* ruinée. — *Château* de *Mont-Louis*. — *Château* de *l'Epinoux*. — *Eglise* du xiie siècle, remarquable par son narthex, sous le clocher. Clocher de 1539. Fragments de peintures murales du xvie siècle.

LAVOUX. — Au Nord. — *Château* de *Boisdoucet* du xviie siècle, avec enceinte du xvie, dans laquelle on pénètre par un portail commandé par une galerie à mâchicoulis et à créneaux.

Sèvres. — A l'Ouest. — Dans le *cimetière*, croix portant un christ sous une arcade trilobée, et tombes à chevalet fort curieuses, dont une du XIIIe siècle.

Savigny-l'Evescault. — *Souterrain* de l'ancien *manoir* des évêques de Poitiers ; il passe sous l'église et va aboutir à une source

CANTON DE SAINT-GEORGES

Saint-Georges-les-Baillargeaux. — *Gouffre de Soubise* dans la forêt — Beau *dolmen* en blocs de grès. — *Château* de *Vaires*, fin du xvie, dont le nom est cité en 989, flanqué de deux tours rondes et d'une autre carrée : charpente remarquable ; colombier de 1656, contenant 2620 nids à pigeons.

Buxerolles. — Au Sud. — Bons *tableaux* du xviie siècle, dans l'église. — *Ormeau* dit de Sully. — Ancienne *maison* à la Barre affectée en 1531, au service des pestiférés. Le *pas de Saint-Jacques*, empreinte ayant la forme d'un pied, sur un roc très dur, et qui est l'objet d'un pèlerinage depuis le xiiie siècle.

Chasseneuil. — A l'ouest. — (*Chemin de fer de Poitiers à Paris*). — Emplacement d'un ancien *palais carlovingien*, dans la vallée. — *Tour d'Anguitard*, centre d'un fief important.

Dissais. — Au Nord-Est. — (*Chemin de fer de Poitiers à Paris.*) — Magnifique *château* construit par Pierre d'Amboise, frère du cardinal ministre de Louis XII, et évêque de Poitiers (1481-1565). Les écuries, une galerie, la bibliothèque et quelques autres salles sont du xviiie siècle. Enceinte remarquable, à la fois imposante et pleine d'élégance, entourée de vastes fossés et flanquée de quatre grosses tours. Porte principale défendue par un pont-levis, et encadrée par deux hautes tourelles couronnées par une galerie couverte, saillante, à mâchicoulis. La *chapelle*, du style flamboyant, l'escalier de la *tourelle du*

Nord terminé par de jolies voûtes et une balustrade du même style ; les portes et les ferrures d'une merveilleuse élégance. La *galerie* supérieure du nord est ornée de beaux vitraux ; des *carreaux émaillés* couverts de figures, de plantes, d'ornements les plus variés sont dispersés dans tout le château. — *Maison seigneuriale* de la fin du xve siècle à *Marit*.

Jaulnay. — A l'Ouest. — Le *Château Couvert* du xvie siècle. — Château de *La Peyre* fin du xve siècle. — *Donjon* de la *Tour de Brin*, de grandes dimensions ; **vastes** souterrains.

Montamisé. — Au Sud. — *La Roche de Bran*, château avec chapelle ; ancien fief royal ; collection de portraits de la famille de Peyrusse d'Escars.

Saint-Cyr. — Au Nord. — *Menhir* de la *Basse-Flotte*, de 4^m 50 de haut. sur 3 de large, connu sous le nom de *Pierre-Fitte*. — *Tumulus* à *Haute-Flotte*. — *Tour* de *Traversay* du xve siècle. — *Croix hosannière* du xiie siècle dans le cimetière.

CANTON DE NEUVILLE

Neuville. — (*Chemin de fer de l'Etat.*) — *Dolmen* et débris de *dolmens* à Mavaux — Grand *Dolmen* à Bellefoy. — *Manoir* de Furigny, dont la double porte flanquée deux tourelles, était défendue par un pont-levis et des mâchicoulis.

Avanton. — Au Sud-Est. — (*Chemin de fer de l'Etat.*) — *Château* du XVI° dominant toute la vallée.

Cheneché. — Au Nord-Est. — Vieux château flanqué de quatre tours.

Cissé. — Au Sud. — *Croix hosanne* dans le cimetière.

Marigny-Brizay. — *Château* des *Roches* très bien conservé ; XVI° siècle, à M. Cesbron, ancien député. — *Château* de la *Tourette* dont la haute tour domine toute la contrée.

Vendeuvre. — A l'Ouest. — *Ruines romaines* des Tours Milandes. — Ruines du *château* de *Bonnivet* bâti par le fameux amiral de ce nom, et vendu à la fin du XVIII° siècle, à des spéculateurs qui le démolirent. De superbes échantillons de ses sculptures sont conservés au Musée de Poitiers. — Joli *château* des *Roches de Vourais* (XV° siècle.)

CANTON DE MIREBEAU

MIREBEAU. — (*Chemin de fer de l'Etat.*) — Innombrables *souterrains, refuges*. — Restes de l'ancienne *enceinte* et du *château*, flanqués de tours rondes. La base du *donjon*, entourée de profonds fossés, se voit encore. Arthur de Bretagne fut fait prisonnier dans ce château en 1202, par Jean-sans-Terre, roi d'Angleterre. — *Tour Candale* dont le couronnement rappelle les arcs trilobés de l'enceinte de la Tranchée, à Poitiers. — Jolie cage d'escalier de l'ancienne *abbaye* de *Saint-André*. — *Manoir* en ruines du XV° siècle, dans la ville. — Deux jolies églises d'origine romane. — Elégantes stalles du XVI° siècle.

CHAMPIGNY-LE-SEC. — Au Sud. — Cinq *dolmens* et *demi-dolmens*. — *Eglise* Notre-Dame, un des beaux édifices romans de la contrée. — Ancien *château* du duc de Montpensier, pris par le prince de Condé dans les guerres de religion.

CHERVES. — A l'Ouest. — *Château* à tourelles, accolé à l'église romane qui en était la chapelle.

THURAGEAU. — *Souterrain refuge* très curieux, aboutissant à un puits profond.

Telles sont les richesses archéologiques et monumentales les plus précieuses ou les plus curieuses de l'arrondissement de Poitiers. Mais le département de la Vienne en renferme une quantité d'autres, dont nous voulons seulement citer les principales.

C'est ainsi que sur la ligne du chemin de fer de Bordeaux, nous trouvons, à CIVRAY, l'église Saint-Nicolas, dont la façade historiée est un des plus curieux types de l'époque romane, et l'*Hôtel de ville*, ancien hôtel de la *Prévôté*, du XVe au XVIe siècle à BLANZAIS, un *dolmen* et le *Château* fortifié de la *Maillolière*; à SAINT-SAVIOL, le remarquable *dolmen* de la *Pierre Pèze*; à SAVIGNÉ, des *grottes* à ossements et à silex taillés, célèbres dans le Poitou, et qui donnent à penser que Savigné fut jadis, le centre important d'une tribu celtique où la fabrication des instruments en pierres et en os se faisait en grand.

Dans le canton de CHARROUX : à CHARROUX, des *grottes* curieuses à ossements ; des *dolmens*, des *tombelles* ; la *tour romane* de l'abbatiale de Saint-Sauveur fondée par Charlemagne en 785 ; des *tumulus* à ASNOIS, à CHATAIN.

Dans le canton d'AVAILLES-LIMOUSINE, *ligne du chemin de fer de Poitiers à Limoges* : le *Tumulus* de l'île Archambault, à AVAILLES, ainsi que le *dolmen* de la *Pierre Fade*; à SAINT-MARTIN-L'ARS, les *dolmens* de *Vilaigre*, des *tombelles* et l'ancienne *abbaye* de l'*Arrault* avec sa salle capitulaire.

Dans le canton de COUHÉ-VÉRAC (*chemin de fer de Poitiers à Bordeaux*), les restes d'un *établissement* romain ; l'emplacement du *camp du Sichard* établi, dit-on, par Clovis contre Alaric ; à COUHÉ, des grottes naturelles et l'ancienne *abbaye* de *Valence*; à CEAUX, des *tombeaux* de chevaliers armés de toutes pièces ; à CHATILLON, un *oppidum* celtique et des grottes immenses ; à ROMAGNE une *Roche aux Fées*, des *souterrains* profonds et les ruines du vieux *château* de la *Millière* ; à VOULON, le champ de bataille où, dit-on, Clovis vainquit Alaric, en 507.

Dans le canton de GENÇAY, les ruines imposantes, du *château* de GENÇAY ; les *grottes* de *Rocheveille* et de *Pied Baugé* une *Maison forte* du XIVe siècle et les ruines de l'abbaye de *Moraux* à CHAMPAGNÉ-SAINT-HILAIRE ; à USSON des *dolmens* ; à Magné un *tumulus*, et le *château* de M. Roche, du XVIIIe siècle appartenant à M. de Briey.

Si nous allons dans l'arrondissement de MONTMORILLON qui est traversé par le chemin de fer de Poitiers à Limoges, nous trouvons, à SAINT-SAVIN, une *église romane* remarquable qui dépendait d'une *abbaye* fondée par Charlemagne, dont on voit les substructions de la vieille enceinte ; la nef de cet antique et précieux monument est décorée de peintures anciennes qui ont été décrites et reproduites par ordre du gouvernement, ainsi qu'une foule d'inscriptions lapidaires du IXe au XVe siècle qui couvrent les murs de la crypte et de la nef ; à ANGLES, les ruines pittoresques du *château*, où naquit le célèbre cardinal la Balue, en 1421 ; à ANTIGNY, un *tumulus*, un *cimetière antique* qui a plusieurs couches de tombes en pierres superposées et une *lanterne des morts* ; à la BUSSIÈRE, un *tumulus* et le vieux *donjon féodal* de la *Bertholière* ; à SAINT-GERMAIN un magnifique *souterrain* dit la *Roche à Denise* ; à SAINT-PIERRE-DE-MAILLÉ un beau *dolmen* et les deux pittoresques châteaux de la Guittière et de la *Roche à Gué* ; à VILLEMORT, un magnifique *château* du XVIe siècle, nouvellement restauré.

A CHAUVIGNY, une ville des plus pittoresques ; les *châteaux* d'*Harcourt*, des *Mauléon* des *Goûzon* et des anciens évêques de Poitiers, dominent la ville haute, qui renferme aussi un curieux logis fortifié du XVe siècle.

A SAINT-MARTIN-LA-RIVIÈRE, un *camp romain* ; à SAINT-PIERRE-LES-ÉGLISES, un *cimetière* antique.

A LUSSAC-LES-CHATEAUX, de nombreuses grottes à silex et os travaillés, de l'époque anti-historique, et les ruines des *châteaux*. C'est sur le *pont* de Lussac que fut tué Jean Chandos, sénéchal du Poitou ; à BOURESSE une *tombelle* en mâchefer au milieu du bourg ; à CIVAUX, des *souter-*

rains profonds et un vaste *champ des morts*, avec chapelle et croix hosanne, renfermant plusieurs couches de tombes de tous les siècles et même des gallo-romains ; à Gouex, de nombreuses *grottes* et *souterrains* où l'on a recueilli des silex et des os taillés de l'époque pré-historique, un dolmen et des tombelles ; à Lhommaizé, des *grottes* renfermant des ossements de grands carnassiers et d'herbivores ; le beau *château* de la *Forge*, qui appartient à M. de Beauchamp ; à Mazerolles, un *dolmen* considérable, des *souterrains* ; à Morthemer, le *château fort* magnifiquement restauré par M. le baron de Soubeyran, ancien député de la Vienne ; à Persac, de nombreux *souterrains* le vieux *manoir* de la *Motte* et trois jolis châteaux ; à Sillars, un *dolmen* et des restes de *dolmens*, des *grottes* ; à Verrières, des *grottes* et des *souterrains*, avec ossements d'éléphants et de grands carnassiers.

A Montmorillon, un *tumulus* considérable, des *grottes* ; une église romane avec chapelle souterraine décorée de peintures murales, l'*octogone*, chapelle sépulcrale du XIe siècle jadis peinte ; à Bourg-Archambault un *château fort* avec sa *chapelle* pavée en carreaux émaillés, un des plus beaux spécimens de l'architecture du XVe siècle, à Lathus, un *dolmen* et un *donjon* carré à double enceinte ; à Pindray le vieux *château* et l'ancien *manoir* fortifié de *Prunier* ; à Plaisance, un *dolmen* ; à Saulgé, des *souterrains* et le *château fort* de *Lenest*.

A La Trimouille, le *souterrain* de la *Cave au Bois*, le *château* de la *Rivière*, du XVe siècle ; à Liglet, un *camp de César* et le *manoir* en ruines de *Courtevrault* ; à Saint-Léomer, une très belle *lanterne des morts*.

A l'Isle-Jourdain, un des plus beaux sites du département, des *grottes* et un vieux *manoir* ; à Adriers, l'*église fortifiée* ; à Millac, un *Tumulus* et des *souterrains* ; à Moussac, un *demi-dolmen* ; à Queaux, le *Tumulus* de la *Motte*, entouré d'un fossé, et le *donjon* féodal de la *Messelière*, ruines splendides ; au Vigeant, le *dolmen* et les souterrains de la *Grand-Fa*, le *tumulus* de la *Brousse*, les ruines du *château* de la *Grand'Rye*.

L'arrondissement de Chatellerault, que traverse le chemin de fer de Poitiers à Paris, est également riche en monuments anciens A Ingrandes, l'ancien *château* de *Chênes* ; à Leugny-sur-Creuse, la pittoresque *chapelle* ruinée de *Notre-Dame de Preslon* et le *souterrain* de *Chante-Pie* ; à Oyré, les *manoirs* de la *Vallière* et de *Pastureau*, xve et xvie siècles ; à Saint-Remy-sur-Creuse, le *souterrain* de la *cave à Caillaud*, le souterrain de *Chaloupy*, la *tour de Gannes* et le *château* de la *Chaise-Saint-Remy*.

A Mondion, dans le canton de Leigné-sur-Usseau, le *manoir* seigneurial du fameux Tristan l'Ermite ; à Saint-Christophe, la *tour* de *Chougues* ; à Vellèches, un souterrain profond et un pittoresque *château* du xie siècle

A Doussay, dans le canton de Lencloitre, la *tour* de *Ry* et *Marçay* ; à Saint-Genest, les ruines des *châteaux* de *Puygarreau* et de *Paët*; à Scorbé-Clairvaux, les ruines imposantes du *château* de *Clairvaux-le-Haut*, et dans la plaine le *château* de *Clairvaux*

A Chatellerault, le pont flanqué de tours, des *maisons* en pierre et en bois du moyen-âge et de la Renaissance, l'*hôtel de Sully* ; à Naintré une *pierre fiche* dite du *vieux Poitiers*, avec une inscription celtique et, presque en face les ruines d'un *temple romain*.

A Chénevelles, dans le canton de Pleumartin, les ruines de la *villa-romaine* de *Normandon* ; à Leigné-les-Bois, un *dolmen* ; à Lésigny, le pittoresque *château* d'*Alogny* ; à la Puye, le *monastère* des Filles de la Croix, dont l'église fut bâtie du vivant de Robert d'Abrisse, le fondateur de l'ordre de Fontevrault; à la Roche-Posay, les *sources minérales*, qui font de cette petite ville une station balnéaire très fréquentée depuis Henri IV ; le *château fort* de la Roche Posay, la *poste* dite de *Guyenne*, l'ancienne *abbaye* de la *Merci-Dieu*, fondée en 1150.

A Vouneuil-sur-Vienne, les anciens et pittoresques *châteaux* de *Chitré* ; le *champ de bataille* présumé où

Charles Martel battit l'Armée d'Abdérame ; à ARCHIGNY, le *dolmen* connu sous le nom de *Petra Sopeyze* ; à BEAUMONT, les belles ruines de la *tour* et le *château* de Beaudiment ; à CENON, l'ancienne *station romaine* dite le VIEUX-POITIERS, qui a fourni au Musée de Poitiers des *bornes militaires*, des stèles *gallo-romaines*, etc.

Enfin dans l'arrondissement de LOUDUN, qui est peut-être le plus riche du département en richesses archéologiques, nous trouvons :

A TROIS-MOUTIERS, une *allée couverte* et des *dolmens*, le splendide *château de Chamdeniers* reconstruit sur le modèle de l'ancienne demeure seigneuriale qui datait des XVe et XVIe siècles ; à BOURNAND, la superbe *allée couverte* de la *Pierre Folle* en grès énormes, le *dolmen d'Epcines* ; le *château fort de Bois-Gourmand* et une *maison à meneaux* ; à CURÇAY, les ruines du *château* et un *manoir*, à tourelles du XVe siècle ; à NUEIL-SUR-DIVE, les ruines d'une *église abbatiale* romane, avec *salle capitulaire*, et les ruines du *château de Berrye* ; à RANTON, le *château à enceinte fortifiée* ; à ROIFFÉ, les ruines du *château* de la *Roche-Marteau* ; à Saint-Léger-Montbrillais, un *dolmen* et un *demi-dolmen* ; à SAIX, une église du XIe siècle, construite dans l'ancien *monastère fortifié* bâti sur le lieu de refuge de Sainte-Radegonde fuyant les persécutions de Clotaire ; à TERNAY, un *menhir* colossal dit le *Chillon de Coursen* et un *château* du XVe siècle avec donjon.

A LOUDUN, des débris nombreux de *dolmens* ; le vieux *château* dont le donjon carré, haut de 27 mètres, domine toute la ville et commandait une enceinte flanquée de 20 tours. La ville était elle-même entourée d'un cordon de fortes murailles de 2,200m. de développement, appuyées de nombreuses tours et percées de quatre portes. Loudun renferme plusieurs *églises*, des *maisons* curieuses, entre autres celle de Sainte-Marthe, un bijou de la Renaissance, la salle capitulaire du *couvent des Carmes*, les débris de l'*hôtel* de René d'Anjou, l'ancien *couvent* des Cordeliers, et de curieuses *maisons en bois*. Ce fut sur la place principale de Loudun que fut brûlé le malheureux Urbain Grandier, en 1634.

A Arçay, des *tombelles* et des *dolmens* ; à Basses, un *tumulus* avec *dolmen*, dit la *Roche Folle* ; à Chaunay, les ruines importantes du *château* de la *Chapelle-Bellouin*, avec double enceinte ; à Messemé, le vieux *château* et un *noyer* creux où chaque convoi dépose une croix de bois ; à Mouterre-Silly, la *Pierre-Levée* d'*Inçay* ; à Saint-Laon, des *dolmens*, des *demi-dolmens* des *allées couvertes*, des *blocs de grès* énormes, et l'*église*, renfermée dans une enceinte fortifiée ; à Sammarçolles, le *château* de la *Jaille*.

A Moncontour, célèbre par la bataille livrée en 1569 et où l'amiral de Coligny fut vaincu par le duc d'Anjou, le *donjon* du château dont les ruines dominent la colline et les environs ; à Angliers, le *château* du prince de la Tour d'Auvergne ; à Mazeuil, la *tour* des Mées ; à Saint-Cassiey, les belles ruines du *château* fort ; au Verger-sur-Dive, l'*église* ruinée de Sainte-Radegonde et le *château fort* dit la *Tour de Marconnay*.

A Monts-sur-Guesnes, une superbe *tour* ronde ; à Berthegeon, le curieux *château Vayolles* ; à Coussay, le beau *château* de la Renaissance, dont le cardinal de Richelieu était prieur quand il fut promu à l'épiscopat ; à Dercé, le *cimetière* gallo-romain ; à Prinçay, le magnifique *château* de la *Roche du Marne*.

Enfin, à Chouppes, les ruines du *château* du *Pas*.

FIN

TABLE DES MATIÈRES

	Pages.
Introduction	v
Liste des Rues et Places de la ville de Poitiers, dont les noms ont été changés en 1895	xv
La **Place d'Armes.** — **L'Hôtel de Ville.** — Le **Théâtre.** — Les **Augustins**	1
La **Rue Victor Hugo.** — La **Grand'-Maison.** — La **Préfecture.** — La **Prison**	21
Les **Arènes**	26
La **Rue des Trois-Piliers.** — Les **Halles.** — Les **Hôtels.** — La **Rue de la Baume.** — La **Rue des Capucins**	30
Blossac	35
La **Tranchée**	40
L'Eglise Saint-Hilaire	42
Le **Lycée.** — Les **Rues du Lycée,** de **Penthièvre,** d'**Enfer,** d'**Oleron,** de **La Celle, Saint-Pierre-le-Puellier,** etc.	51
Les **Carmélites.** — **Saint-Hilaire de la Celle.** — Le **Tombeau** et la **Maison de Saint Hilaire**	57

	Pages.
Saint-Pierre-le-Puellier. — La Légende de Sainte Loubette..............	60
Le Plan Saint-Simplicien. — L'Hôtel Raison-par-Tout. — Le Couvent de la Visitation. — Sainte-Croix............	66
Le Temple Saint-Jean.................	73
La Cathédrale. — La Chapelle Saint-Martin. — Saint-Hilaire-entre-les-Eglises. — La Rue Saint-Savin......	83
Sainte Radegonde...................	94
La Rue Saint-Michel. — La Maison des Trois-Clous. — La Rue Mongauthier. — L'Hôtel de la Rose. - Les Calvairiennes	102
Notre-Dame-la-Grande................	107
La Prévôté et le Pilori. — La Rue de la Regratterie. — La Rue des Vieilles-Boucheries. — La Place des Petits Jésuites. — La Rue de la Chaîne.......	132
Le Grand-Marché. — La Rue Mexico. — La Rue des Trois-Cheminées. — La Rue de l'Etude. — La Rue des Quatre-Vents. — La Rue Saint-Denis. — La Rue des Carmes. — La Rue Sainte-Opportune...........................	140
Eglise Saint-Germain. — La Rue des Buissons. — Les Rues Saint-Germain, de la Poire-Cuite, de Champagne, de Rochereuil, de l'Hôpital-Général......	153
Place Montierneuf...................	155
Le Grand-Séminaire. — La Rue de l'Industrie. — Le Gesù. — La Caserne de Gendarmerie. — La Rue de la Mairie..................................	162

	Pages.
La **Rue Neuve**. — Le **Miracle de l'Enfant noyé**................................	167
Les **Grandes-Ecoles**.....................	171
Saint-Porchaire.........................	179
Le **Tour des Boulevards**. — Les **Fortifications**...............................	184
La **Pierre-Levée**........................	195
L'Hypogée-Martyrium..................	198
POITIERS et ses environs..........	223

FIN DE LA TABLE

Poitiers. - Imp. E. Druinaud

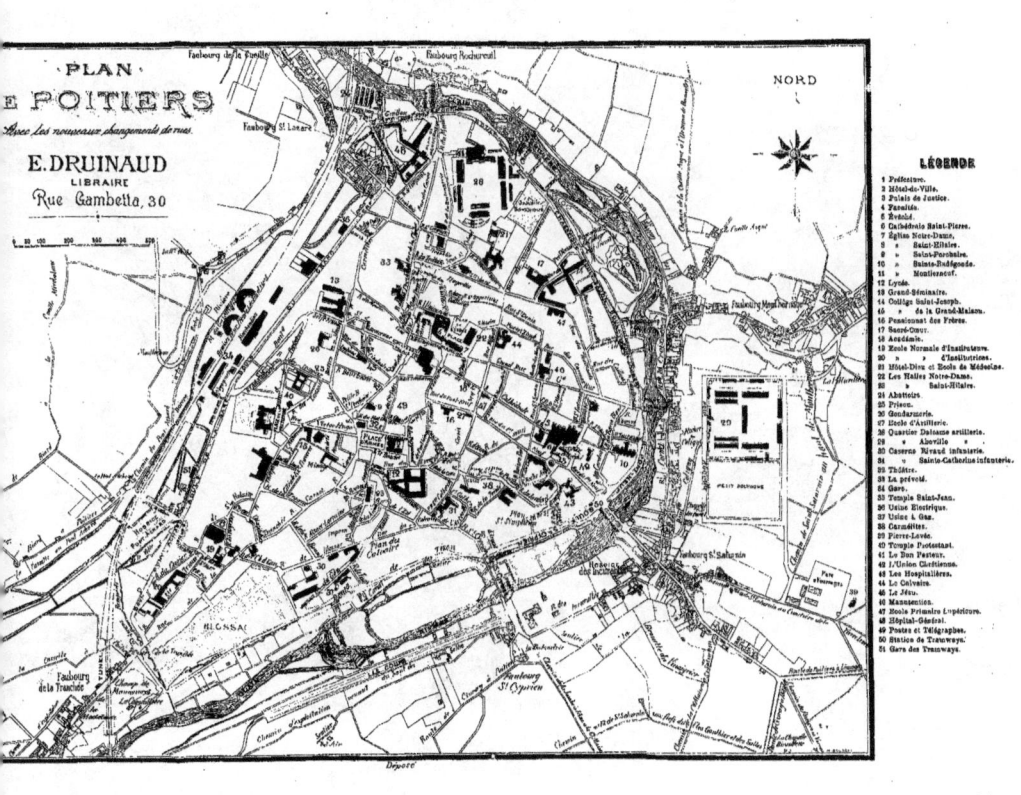

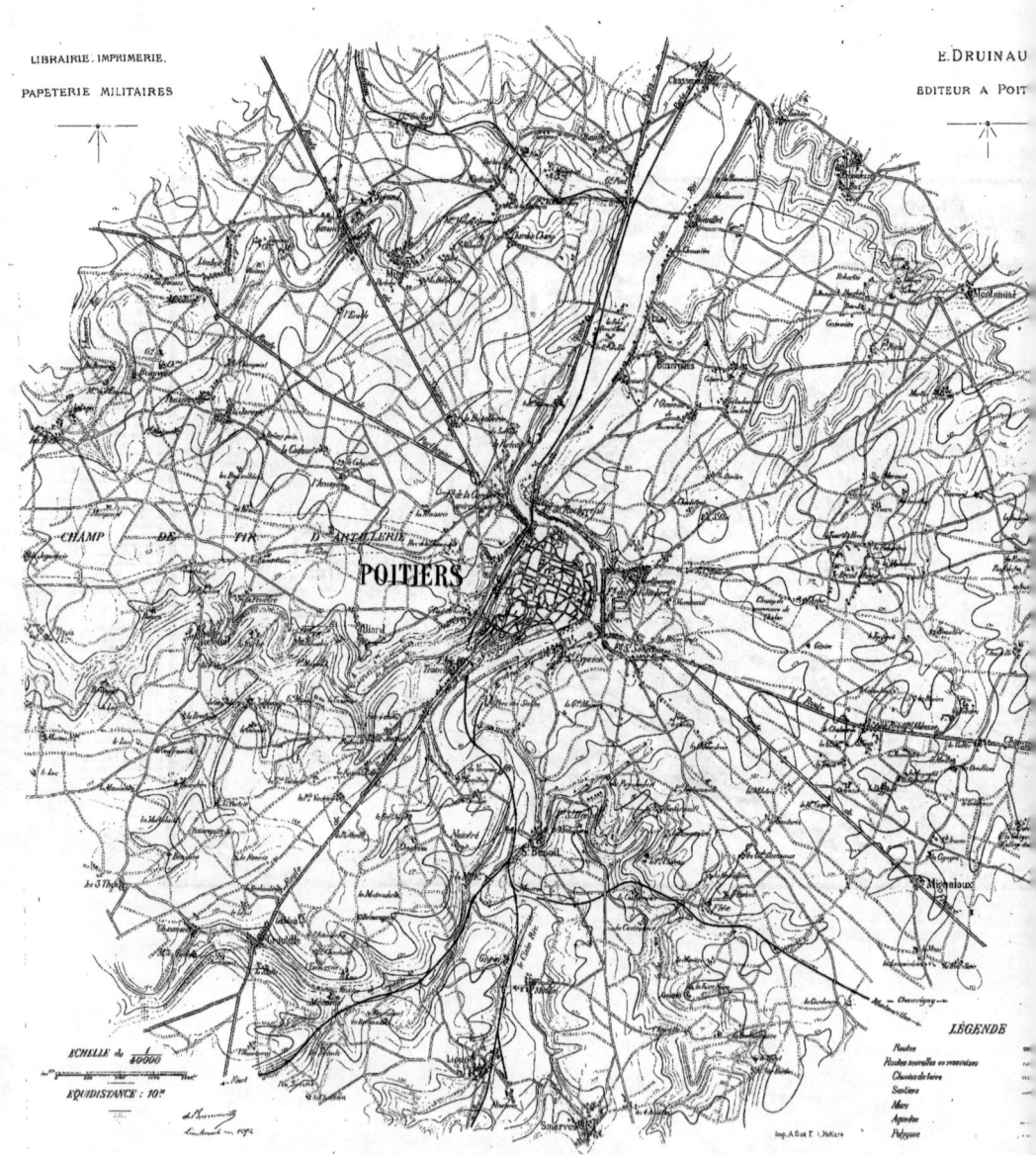

C. GRANGE, Agent-Voyer en Chef, Grande Carte très complète du dép. de la Vienne, en couleurs, une feuille grand monde........................... 5 fr.

La même, montée, avec gorge et rouleau, vernie 9 fr.

Cartes cantonales de la Vienne, chaque canton une feuille colombier........................ 2 fr. 50

Carte de la Vienne du Service vicinal, au 100 mill., chaque feuille........................... 0 fr. 80

Plan de Poitiers, une feuille grand monde, au 5 mill................................ 5 fr.

Le même, collé sur toile, plié............. 9 fr.

Plan de Poitiers, petit format............ 0 fr. 25

ESPÉRANDIEU, *Le Baptistère Saint-Jean*, nombreuses gravures dans le texte.......... 0 fr. 60

Album portatif contenant 12 vues diverses de la ville............................... 0 fr. 50

Très grand choix de photographies de tous formats, montées et non montées, à tous les prix.

LIBRAIRIE, NOUVEAUTÉS, CLASSIQUES

DROIT, SCIENCES, LITTÉRATURE, MÉDECINE, ETC.

FOURNITURES DE BUREAUX
PAPETERIES DE TOUTES SORTES

Poitiers. — Imp. E. Druinaud

www.ingramcontent.com/pod-product-compliance
Lightning Source LLC
Chambersburg PA
CBHW050317170426
43200CB00009BA/1358